Enzyklopädie
Techniken der Malerei

Enzyklopädie Techniken der Malerei

herausgegeben von
Helen Douglas-Cooper

FLEURUS
IDEE

Seite 2–3: „Double Dutch“ von Frank Nofer (Detail).

Fleurus Idee
is an imprint of
Fleurus Verlag GmbH

Produktion der deutschen Ausgabe: Nazire Ergün, Köln

Übersetzung aus dem Englischen:
Wolfgang Beuchelt, Hajo Düchting, Wiebke Krabbe, Helmut Roß, Barbara Schellnack

Umschlaggestaltung: MWK, Köln

Fotos Umschlag: aus dem Innenteil, Vorderseite o. r. S. 201 u., o. l. S. 63, u. r. S. 119, u. l. S. 213 u. r., Rückseite S. 192, S. 293 o. r.

ISBN 978-3-89717-385-9

Printed in China

10 9 8 7 6 5 4 3 2

INHALT

EINFÜHRUNG

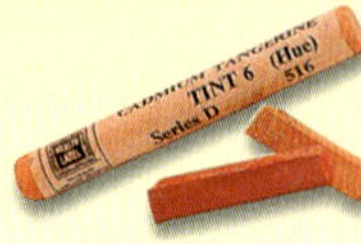

SIE MALEN im Freien, das Aquarell aus leuchtenden Farben und tiefen Schatten trocknet Ihnen zu schnell. Vielleicht arbeiten Sie auch mit Ölfarben und möchten eine Farbe so auftragen, dass die darunter liegende stellenweise durchscheint, beherrschen aber die Technik noch nicht. Oder Sie fragen sich, auf welche Weise Sie mit Acrylfarben bestimmte Effekte erzielen können.

Insgesamt 400 Tipps geben auf die meisten Fragen eine Antwort, die sich Anfänger und auch Fortgeschrittene beim Malen stellen. Dieses Buch ist kein Malkurs, sondern bietet eine Fülle von Ratschlägen für das Arbeiten mit Aquarell- , Pastell-, Öl- oder Acrylfarben. Jeder der vier Teile in diesem Buch beschäftigt sich intensiv mit einem dieser Medien. In übersichtlichen Kapiteln finden Sie Informationen zu Material und Ausrüstung, Misch- und Maltechniken, besonderen Effekten und dem Malen im Freien. Auch bei der Wahl Ihrer Motive unterstützt Sie dieses Buch mit zahlreichen Beispielen. Neben lösungsorientierten Ansätzen für das Gelingen Ihrer Bilder bekommen Sie viele Anregungen zu neuen Experimenten und Erfahrungen mit vier verschiedenen Medien.

Joe Anna Arnett hat die Rundungen der Vase und der Blüten in seinem Gemälde „Magnolias with Cherries“ modelliert, indem er weiche Übergänge zwischen den Licht- und Schattenbereichen gestaltete.

Paul Dmoch vermittelt den komplexen Aufbau dieses Interieurs durch den geschickten Einsatz von hellen, mittleren und dunklen Aquarell-Lasuren. Die dunkelsten Farbtöne wurden für die Schatten in den Nischen verwendet.

AQUARELLMALEREI

DIE AQUARELLMALEREI gilt als besonders anspruchsvoll und selbst manch professioneller Maler findet sie schwierig. Hier bekommen Sie wertvolle Hilfe, Sie erfahren von Tricks und Kniffen und erhalten stets auch Tipps, durch Umsicht und gute Planung Material zu sparen. Von der Wahl der Farbtöne und Möglichkeiten, Verarbeitung und Farbauftrag zu erleichtern, bis zur Eignung verschiedener Papiertypen und Pinsel finden Sie alle Antworten auf die wesentlichen Fragen rund um das Aquarellieren. Dem Lasieren als Grundtechnik der Aquarellmalerei ist ein ganzes Kapitel gewidmet, ergänzt durch Hinweise zum Malen einfarbiger gleichmäßiger Lasuren sowie weichen Verläufen und Farbübergängen. Sie erlernen das Sprenkeln und die Arbeit mit dem „Schwamm“. Keine Sorge übrigens bei Klecksen und „Tropfnasen“ – Sie finden hier Pannenhilfe-Tipps. Motivvorschläge und Tipps zum Malen von Landschaften, Himmel, Bäumen und bereits schwierigeren Bildelementen wie Reflexe auf dem Wasser, Blatt- und Blütendetails, Menschen in Landschaften geben Ihnen zahlreiche Anregungen. Und wie Sie wissen: Das Experimentieren macht viel Freude.

VIELE MENSCHEN glauben, dass Ölfarben schwieriger zu verarbeiten sind als andere Medien. Wer jedoch das nötige Grundwissen über die besten Materialien und Verarbeitungstechniken besitzt, wird seine Meinung bald ändern. In diesem Teil des Buches geht es um die Auswahl von Farben und Utensilien sowie um Wiederverwendung und Recycling. Sie lernen verschiedene Arten von Leinwand und Plattenmaterialien kennen und erfahren, wie man den Malgrund spannt und vorbereitet. Tipps zum Einsatz verschiedener Pinsel werden durch wesentliche Informationen zu Reinigung und Pflege ergänzt. Im Kapitel über die Farben sehen Sie, wie man eine Palette aufbaut, wie Farben sich mischen lassen und welche Farbeffekte mit Ölfarbe möglich sind. Ölfarbe kann nass-in-nass oder nass-auf-trocken verarbeitet werden, in transparent-dünnen oder pastosdicken Schichten. Man kann sie mit dem Pinsel oder Malmesser auftragen, abschaben oder abwischen. Diese Techniken werden detailliert beschrieben. Darüber hinaus erfahren Sie, wie sich Riss- oder Senkenbildung vermeiden lassen.

Das Malen im Freien erfordert eine besonders sorgfältige Auswahl der Ausrüstung und des Farbsortiments. Je weniger Überflüssiges Sie mitnehmen, desto besser. Wechselnde Umgebungsbedingungen, Zeitknappheit und der Transport der noch feuchten Leinwand stellen den Maler im Freien vor besondere Herausforderungen. Hier finden Sie Lösungstipps und zudem Hilfen für die Darstellung von Wolken, Lichteffekten auf Wasser, Laub und Figuren in Bewegung und Gruppen.

Dieses zwanglose Porträt von John Eliot zeigt die klassische Verwendung von Ölfarben, die durch ihre sanften Farbtöne und Schatten einen überzeugenden Eindruck des Modells vermitteln.

Im Gemälde „Country Sunset“ bringt John Dawson mit einer sehr begrenzten Palette von Farben die Leuchtkraft und Textur seines Motivs zum Ausdruck.

Pastellkreide vereint die ausdrucksstarke Farbigkeit des Malens mit der Unmittelbarkeit des Zeichnens. Mit einer Pastellkreide kann man zeichnen wie mit einem Stück Zeichenkohle, Flächen füllen, Farben überlagern, aber auch dicke, impastoartige Schichtungen anlegen. Starre Regeln gibt es nicht, durch das Austesten der Möglichkeiten findet jeder Maler seinen eigenen Stil.

Sie erfahren hier Näheres über die verschiedenen Pastell- und Ölpastellkreiden und ihre Pflege sowie über die Papiertypen, die sich für diese Maltechnik eignen. Schlagen Sie nach, wie Papier eingetönt werden kann, wie Strukturen durch das Übermalen von Acrylfarben erzeugt werden, wie man aus Kreiden mit geeigneten Lösungsmitteln Farben herstellt und wie man sie mit anderen Farbtypen oder mit Zeichenkohle kombiniert. Sie finden Tipps zur Gestaltung von Struktur- und Mischeffekten durch Lavieren und Kreuzschraffur, zum Dämpfen allzu intensiver Farben, zum Korrigieren von Fehlern, aber auch zur Darstellung dreidimensionaler Formen, perspektivischer Ansichten und feiner Details. Darüber hinaus geht es um Feinheiten wie natürliche Farben und Schatten in Landschaftsmotiven, Hauttöne in Porträts oder Transparenz von Blütenblättern – die sich mit Pastellkreiden besonders gut umsetzen lässt. Pastellbilder sind empfindlich und erfordern auch nach der Fertigstellung Sorgfalt, darum finden Sie zum Schluss des Kapitels Hinweise zur Rahmung und Behandlung der Bilder.

„Night Sea" hat Robert Tilling mit abwechselnden Streifen aus warmen und kühlen Farbtönen gestaltet, die sich in der Ferne zu verlieren scheinen. Die klarere Struktur des Vordergrundes verstärkt den perspektivischen Effekt.

ACRYLMALEREI

ACRYLFARBE ist noch ein recht junges Medium, darum gibt es kaum traditionelle Regeln für die Verwendung. Man kann dick oder dünn auf Papier, Leinwand oder Plattenmaterial malen, man kann die Farbe mit einem Pinsel oder einem Malmesser auftragen, mit anderen Medien kombinieren und für Collagen verwenden – die kreativen Möglichkeiten sind unerschöpflich.

Ratschläge zur Auswahl der Farben und zum Vorbereiten des Untergrundes, zu den geeigneten Pinseltypen und ihrer Pflege sowie zu Paletten erleichtern Ihnen den Umgang mit Acrylfarben. Natürlich wird hier auch das Mischen authentischer Farbtöne und der Einfluss bereits aufgetragener Farbe genauer erläutert. Besonders interessant ist der Abschnitt über die verschiedenen Möglichkeiten, die Eigenschaften der Farbe zu manipulieren. Es gibt Methoden zur Veränderung der Konsistenz und des Glanzes, zur Verlängerung und Verkürzung der Trockenzeit, zum Herstellen von transparenten Lasuren und strukturierten Pasten für Impasto-Arbeiten. Weiterhin lernen Sie spezielle Techniken kennen, etwa das Sprenkeln und Schaben, die Kammzugetechnik und die Collage sowie Kombinationstechniken mit anderen Medien wie beispielsweise Zeichenkohle und Pastellkreide. Expertentipps erleichtern den Umgang mit schwierigen Bildelementen wie Gras und Laub sowie das Korrigieren von Fehlern ohne Beschädigung der Bildoberfläche. Anregungen, wie Acrylfarben auch auf Holz, Stoffen und unglasierter Terrakotta als Bastelfarben verwendet werden können, finden Sie am Ende des Kapitels.

ANLEITUNG FÜR DIESES BUCH

Überall in diesem Buch finden Sie Tipps, durch bewusste Materialwahl und Alternativen zu dem im Handel angebotenen Malzubehör, Kosten zu sparen. Sie erfahren, wie Sie Zeit gewinnen und Fehler vermeiden können. Manche Tipps sind vor allem für Anfänger hilfreich, doch auch Fortgeschrittene werden das hier gebotene Insiderwissen schätzen, das dabei hilft, die Möglichkeiten des gewählten Mediums optimal auszuschöpfen.

Symbole zeigen, um welche Art von Tipps es sich handelt.

Die Techniken werden Schritt für Schritt erklärt.

Beispiele veranschaulichen besondere Effekte.

Anschauliche Zeichnungen verdeutlichen die Tipps.

LEGENDE DER SYMBOLE

Kosten sparen

Zeit sparen

für Anfänger

Profi-Tipp

Korrektur und Vermeidung von Fehlern

1

AQUARELLMALEREI

Aquarellbilder zeichnen sich durch die Leuchtkraft ihrer Farben und durch ihre Leichtigkeit aus. Das Ineinanderfließen von nassen Farben bewirkt weiche Farbverläufe. Schon im späten Mittelalter setzten viele Künstler Aquarellfarben ein. Insbesondere verwendete man sie zum Kolorieren von Holzschnitten für das Bedrucken von Seiten.

Nancy Baldrica, „Three Irises“ (Detail).

EINFÜHRUNG AQUARELLMALEREI

SIE HALTEN die farbenfrohen Überreste Ihres Picknicks auf Leinwand fest; die Krümel eines frisch gebackenen Baguettes sind malerisch über die bunt gemusterte Decke verstreut. Nun möchten Sie nur noch Ihre Bleistiftskizze entfernen und den Hintergrund aufhellen, doch Sie haben Ihren Radiergummi im Hotelzimmer vergessen. Hätten Sie jetzt ein Buch mit nützlichen Ratschlägen zur Hand, dann wären Ihre Probleme gelöst.

Aquarellfarben sind ein anspruchsvolles Medium. Die Fülle von Regeln und Techniken verwirrt besonders Anfänger. Selbst Künstler, die regelmäßig mit Aquarellfarben arbeiten und über ausreichende Erfahrung verfügen, schränken sich oft durch eingefahrene Gewohnheiten ein; dabei täten sie gut daran, diese einmal zu durchbrechen. Der Rat eines Kollegen und die Freude am Experimentieren können sehr anregend sein.

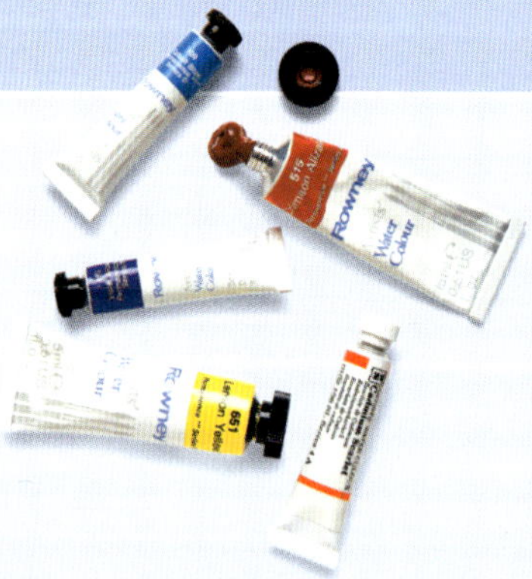

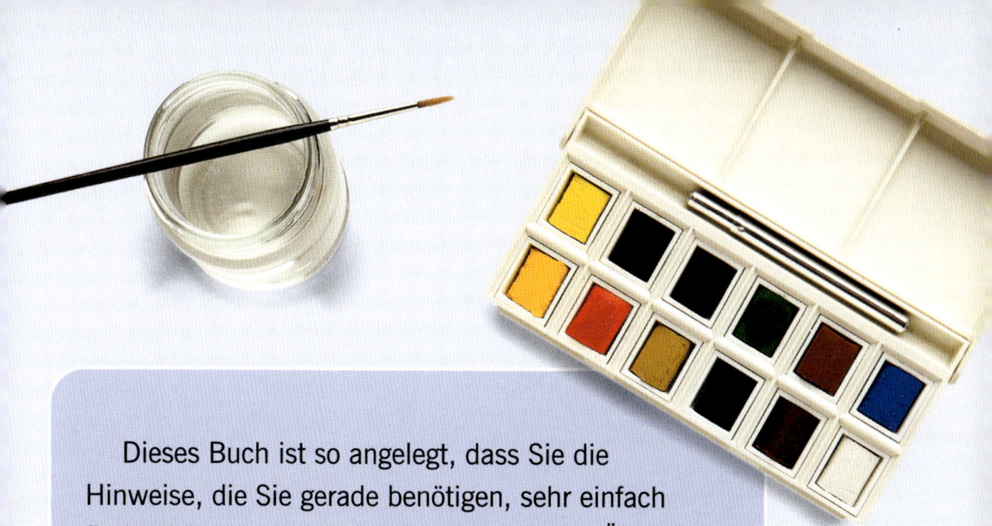

Dieses Buch ist so angelegt, dass Sie die Hinweise, die Sie gerade benötigen, sehr einfach finden können. Die Tipps sind mit griffigen Überschriften versehen und thematisieren sowohl Allgemeines als auch Details. Jeder Tipp berücksichtigt die besonderen Schwierigkeiten der Aquarellmalerei. Dies gilt für das Material und die Entstehung eines Gemäldes. Aber auch besondere Techniken werden vorgestellt – von Lasuren und speziellen Effekten, Glanzlichtern und Schablonen über Korrigieren und Radieren bis hin zu Deckfarben und Grundierungen sowie Freilichtmalerei.

Beim Experimentieren mit Aquarellfarben entstehen oft mehr Ideen als bei dem Versuch, ein vollständiges Bild zu malen. Das gilt sowohl für den Anfänger als auch für den erfahrenen Maler. Mir hat besonders das Ausprobieren der Spezialeffekte sehr viel Freude bereitet. Manche der kleinen Aquarelle, die ich nur zur Erprobung der Effekte erstellt habe und die eher spielerisch entstanden sind, besitzen mehr Ausstrahlung als ein fertiges Bild.

AQUARELLFARBEN

Aquarellfarben sind ein unberechenbares Medium. Manchmal laufen sie plötzlich ineinander; will man jedoch die Farben absichtlich verlaufen lassen, passiert gar nichts. Hier finden Sie nützliche Tipps, wie Sie die Farben in Ihrem Sinne einsetzen können. Darüber hinaus geben wir Ihnen ein paar grundsätzliche Hinweise zum Umgang mit Farben.

FARBEN AUFBEWAHREN

1

Um zu verhindern, dass Ihre Farben austrocknen und rissig werden, mischen Sie sie mit ein wenig Gummiarabikum. Alternativ können Sie auch einen Tropfen Honig oder Glyzerin auf die ausgetrockneten Farbsteine geben. Lassen Sie den Honig oder das Glyzerin vor dem Gebrauch der Farben gut einziehen. Die Farbe speichert die Feuchtigkeit und wird wieder besser löslich.

SCHNELLES TROCKNEN

Wenn die Farben bei feuchtem Wetter nicht schnell genug trocknen, können Sie mit einem Fön nachhelfen. Denken Sie dabei daran, dass der starke Luftstrom größere Farbpfützen auch verwehen und so das Bild ruinieren kann.

2

ALKOHOL ALS TROCKENHILFE

Verläuft eine Lasur zu sehr oder trocknet sie zu langsam, können Sie der Farbe auch etwas Alkohol beimischen. Vor der Erfindung des Haartrockners war die Beigabe von Gin ins Farbwasser eine verbreitete Methode, um das Trocknen zu beschleunigen, denn Alkohol verdunstet schneller als Wasser.

LANGSAMES TROCKNEN

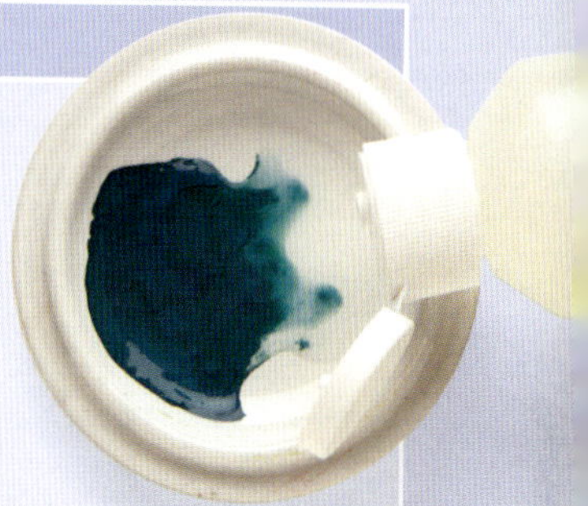

Um Aquarellfarben über einen längeren Zeitraum zu verwenden und um zu verhindern, dass sie zu schnell eintrocknen, kann man diese mit Ochsengalle oder einem ähnlichen Fließmittel mischen. Es gibt drei verschiedene Möglichkeiten, Fließmittel einzusetzen: Man kann sie auf das Papier auftragen und dann auf dem getrockneten Papier arbeiten. Man kann sie auch in das Wasser geben, mit dem man die Farben anmischt. Oder man vermischt die Farben auf einer Palette direkt mit dem Fließmittel. Ein weiterer Vorteil ist: Fließmittel erhöhen die Farbintensität.

PAPIER QUELLEN LASSEN

Um länger arbeiten zu können und um zu verhindern, dass die Farbe zu schnell eintrocknet, können Sie das Papier 15 bis 20 Minuten lang in Wasser quellen lassen, bevor Sie es aufziehen und mit dem Malen beginnen. So bleibt es länger feucht.

DIE BESTEN FARBEN

Obwohl Aquarellfarben in Künstlerqualität recht teuer sind, lohnt sich ihre Anschaffung. Da sie einen höheren Anteil an Farbpigmenten enthalten, sind die Farben reiner und intensiver. Sie sind lichtechter und auch die Farbauswahl ist bei den Künstlerfarben erheblich größer als bei preiswerteren Aquarellfarben.

6

WASSER

Verwenden Sie beim Malen immer drei Wassergläser: eines zum Anfeuchten der Pinsel und des Papiers; eines, dessen Wasser regelmäßig erneuert werden sollte, damit man immer sauberes Wasser zum Anrühren der Farben hat; und ein Glas zum Auswaschen der Pinsel während des Malens.

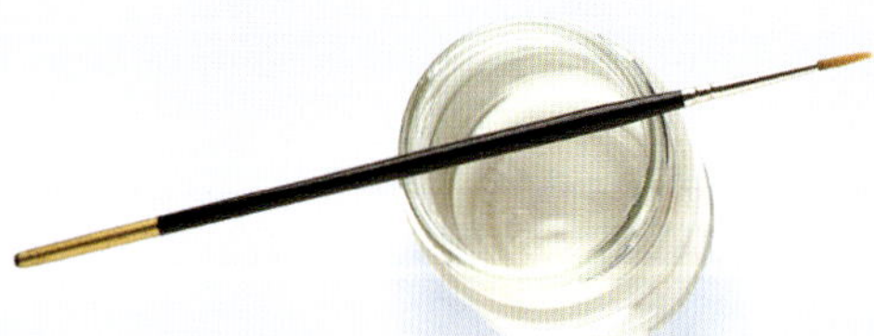

7

GROSSFLÄCHIG ARBEITEN

8

Für große Flächen sollten Sie die Farben in größeren Behältern anrühren. So können Sie zügig und ungehindert arbeiten, ohne nochmals Farbe anmischen zu müssen. Außerdem lässt sich die Farbflüssigkeit gut aufbewahren und Sie verfügen bei weiteren Sitzungen immer über genau denselben Farbton.

IRREFÜHRENDE INTENSITÄT

9

Wenn die Farben der fertigen Bilder blass wirken, kann das daran liegen, dass Sie zu wenig Farbpigment mit zu viel Wasser vermischt haben. Feuchte Farben wirken vermeintlich intensiv, verblassen aber beim Trocknen.

Diese mehrfarbige Lasur ist noch feucht. Sie wirkt leuchtend und intensiv.

Die getrockneten Farben wirken blasser.

FARBEN AUSPROBIEREN

10

Halten Sie immer ein kleines Stück Aquarellpapier bereit, auf dem Sie die Mischung und Intensität Ihrer Farben vor dem Auftragen ausprobieren. Notieren Sie sich die Farbmischung neben jedem Farbtest. So können Sie die verwendeten Farben jederzeit nachmischen.

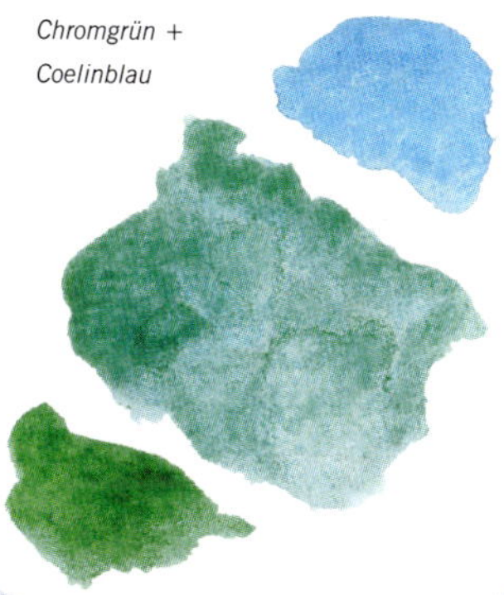

PAPIER FEUCHT HALTEN

Soll Ihr Papier während des Malens feucht bleiben, legen Sie ein wassergetränktes Stück Stoff darunter. Damit das Papier nicht wellig wird, sollten Sie es auf dem Stoff glatt streichen und die Ränder mit Paketklebeband auf dem Zeichenbrett befestigen.

11

FEUCHTIGKEIT ÜBERPRÜFEN

12

Wenn Sie die Feuchtigkeit Ihres Blattes mit den Fingern überprüfen, kann dies leicht einen Fettfilm auf dem Papier hinterlassen. Kontrollieren Sie Ihr Blatt daher besser mit der Rückseite Ihrer Hand. Da sie empfindlicher ist als die Finger, können Sie schnell erkennen, wie feucht das Blatt noch ist.

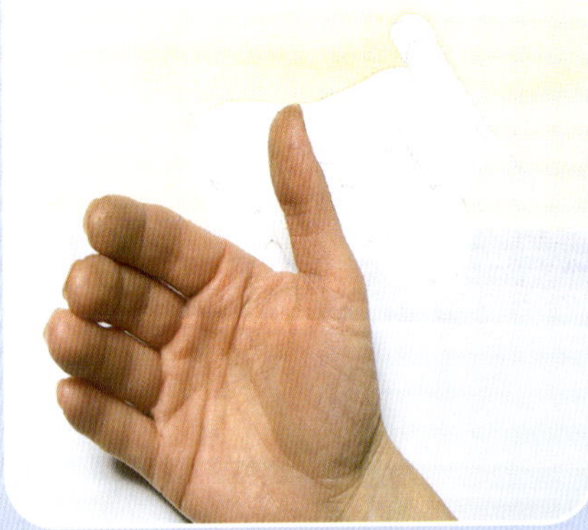

DIE WASSERMENGE

Geben Sie das Wasser zum Anmischen einer Farbe tropfenweise mit einer Pipette zur Farbe. So können die Farben nicht verwässern. Die Pipette eignet sich hervorragend, um Farbe von der Palette abzusaugen und in kleine Flaschen zur Lagerung abzufüllen.

13

BESSERE FARBÜBERGÄNGE

Durch Zugabe von etwas Gummiarabikum in Ihr Mischwasser verhindern Sie das Ineinanderlaufen der Farben. Sie erzielen bessere Farbübergänge. Dies ist besonders wichtig, wenn Sie mit kleinen Pinselstrichen arbeiten, die für sich stehen und nicht verlaufen sollen.

14

LICHTREFLEXE

Wirken Farben matt, kann es daran liegen, dass Sie das Weiß des Untergrunds nicht zu Ihrem Vorteil nutzen. Die Leuchtkraft der Aquarellfarben entsteht durch die Reflexion des Lichts auf dem weißen Hintergrund. Stellen Sie sich das Weiß des Blatts einfach als eine weitere Farbe der Palette vor und setzen Sie den Effekt entsprechend ein.

15

In La Vere Hutchings Gemälde „Monterey Bay“ verleihen die unbemalten, weißen Papierstellen den brechenden Wellen ihre Plastizität.

EINGETROCKNETE FARBE

16

Werfen Sie eingetrocknete Farbtuben nicht einfach weg, sondern schneiden Sie sie auf – man kann sie dann wie Farbnäpfe verwenden. Sie sollten die Farben jedoch testen, denn manche verlieren durch das Trocknen ihre Löslichkeit und werden beim Anmischen klumpig.

SANFTE FARBÜBERGÄNGE

Um krasse Übergänge zwischen dunklen und hellen Farben zu vermeiden, sollten Sie das Papier in diesen Bereichen anfeuchten, damit die Farben verlaufen können. Tragen Sie den helleren Farbton auf und lassen Sie ihn in den Bereich hineinlaufen, in dem Sie die dunklere Farbe einsetzen.

Elizabeth Smiths Gemälde „Lilies" (Ausschnitt).

17

AUSLAUFENDE FARBEN

Trägt man nasse Farbe direkt neben einer vermeintlich trockenen Stelle des Papiers auf, wird die frische Farbe plötzlich in die nur halbtrockene Region auslaufen und unerwartete Effekte erzeugen. Wollen Sie dies verhindern, dann überprüfen Sie sorgfältig, ob die bemalten Stellen auch wirklich trocken sind, bevor Sie neue Farben auftragen. Sie können diesen Effekt auch bewusst einsetzen.

In John Lidzeys Gemälde gestalten die ausgelaufenen Farben einen interessanten Hintergrund.

18

AQUARELLPAPIER

Im Fachhandel finden Sie eine große Auswahl an handgeschöpftem Papier. Die meisten Künstler arbeiten jedoch mit maschinell gefertigtem Papier, das in jedem Hobbygeschäft erhältlich ist. In diesem Kapitel lernen Sie die wichtigsten Kriterien zur Auswahl des Papiers kennen; später können Sie auch mit exotischeren Papiersorten experimentieren. Darüber hinaus erfahren Sie, wie Sie das Papier spannen und Falten entfernen.

PAPIER FÜR JEDEN ZWECK

19

Fast alle Aquarellpapiere werden maschinell hergestellt. Es gibt aber auch handgeschöpfte Papiersorten **(4)**, die einen hohen Anteil an Lumpen enthalten. Maschinell hergestelltes Papier ist mit unterschiedlicher Oberflächenstruktur erhältlich. Man unterscheidet hauptsächlich drei Sorten: glatt **(6)** (auch als heißgepresst oder kurz HP bekannt), rau **(1 & 5)** (manchmal auch als kaltgepresst bezeichnet) und das so genannte Torchon oder auch Grobkornpapier **(2 & 3)** (ebenfalls kaltgepresst, jedoch mit wesentlich gröberer Struktur). Obwohl manche Maler glatte oder Torchon-Papiere wegen ihrer besonderen Eigenschaften verwenden, ist raues Papier am beliebtesten. Seine Struktur bietet der Farbe genug Halt, beeinflusst aber weder die Farbe noch die Feinheit des Pinselstrichs.

PAPIERGEWICHT

20

Um mit Effekten und Strukturen zu experimentieren, wählen Sie am besten ein schweres Papier oder eine Aquarellpappe. Beide lassen sich einfach bearbeiten, müssen nicht gespannt werden und nehmen sehr viel Wasser auf, ohne sich zu wellen. Daher unterstützen sie den transparenten Glanz der Aquarellfarben. Mit einem Schwamm können Sie Farbe abnehmen oder auftragen.

PAPIER SPANNEN

Alle dünneren Papiere müssen vor dem Gebrauch aufgezogen werden, damit sie sich beim Malen nicht wellen. Das Anfeuchten der Papieroberseite mit dem Schwamm kann diese leicht aufrauen. Breiten Sie saugfähiges Küchenpapier auf Ihrem Zeichenbrett aus und legen Sie das Papier mit der Oberseite nach unten darauf. Wenn Sie die Rückseite mit dem Schwamm anfeuchten, nimmt das Küchenpapier die überflüssige Feuchtigkeit auf. Drehen Sie Ihr Blatt herum, entfernen Sie das Küchenpapier und befestigen Sie das Blatt mit Paketklebeband glatt auf dem Zeichenbrett. So bleibt die Papieroberfläche glatt und sauber; bereits bemalte Stellen werden nicht beschädigt.

Legen Sie das Papier auf Küchenpapier.

Feuchten Sie die Rückseite an.

Befestigen Sie das Blatt mit Klebeband.

21

FALTEN ENTFERNEN

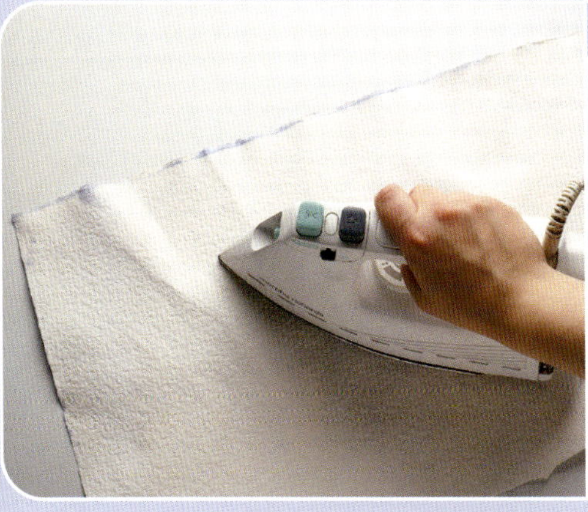

22

Wenn Ihr Papier beim Aufziehen oder Malen Falten bekommen hat, lassen Sie es trocknen und glätten Sie es mit einem Bügeleisen. Legen Sie es mit der Vorderseite auf ein weißes Blatt Papier, damit nichts beschädigt wird.

WELLIGES PAPIER

Ist das Papier wellig geworden, so können Sie es nach dem Malen noch einmal spannen, wenn die aufgetragene Farbschicht nicht zu dick ist. Behandeln Sie die bemalte Oberfläche jedoch sehr vorsichtig. Oder lassen Sie es vollständig trocknen und legen Sie es dann zwischen zwei Lagen Löschpapier. Beschweren Sie es anschließend.

23

PINSEL UND PINSELSTRICHE

Marderpinsel sind die besten Pinsel für die Aquarellmalerei, aber auch die teuersten. Man kann jedoch alle Arten von Pinseln verwenden, wie etwa handelsübliche Malerpinsel, die sich gut für großflächige Lasuren eignen. Dieses Kapitel erleichtert Ihnen die Pinselauswahl und stellt Ihnen die Eigenschaften der Pinsel vor, damit Sie sie gezielt einsetzen können.

LOCKERE PINSELHALTUNG

24

Um einen lockeren Malstil zu erreichen, müssen Sie versuchen, den Pinsel am obersten Ende zu halten. Durch die kurzen Pinselschwünge, die Sie dann machen, wird das Bild lebhafter – und Sie verkrampfen beim Malen nicht.

Die Pinselhaltung am oberen Ende ermöglicht ein lockeres Arbeiten und ausdrucksvollere Pinselschwünge.

CHINESISCHE PINSEL

25

Für den Anfang bieten sich chinesische Pinsel an. Sie eignen sich sowohl für feine Linien als auch für breite Schwünge. Ein großer, runder chinesischer Pinsel ist weitaus preiswerter als ein entsprechender Marderpinsel.

PINSEL AUSPROBIEREN

26

Ein feiner Pinsel zieht eine dünne Linie.

Je besser die Qualität Ihrer Pinsel ist, desto besser wird auch die Qualität Ihrer Pinselstriche sein. Testen Sie sowohl runde als auch feine Pinsel, indem Sie eine feine Linie ziehen. Mit der Spitze eines guten Pinsels sollten Sie unabhängig von der Pinselgröße einen sauberen Strich ziehen können.

Mit einem runderen Pinsel sollte die Linie ähnlich sauber aussehen.

27

PINSELQUALITÄT

Ein guter Pinsel verfügt über eine gewisse Elastizität. Überprüfen Sie dies, indem Sie den feuchten Pinsel über Ihren Daumennagel ziehen. Er sollte zurückfedern.

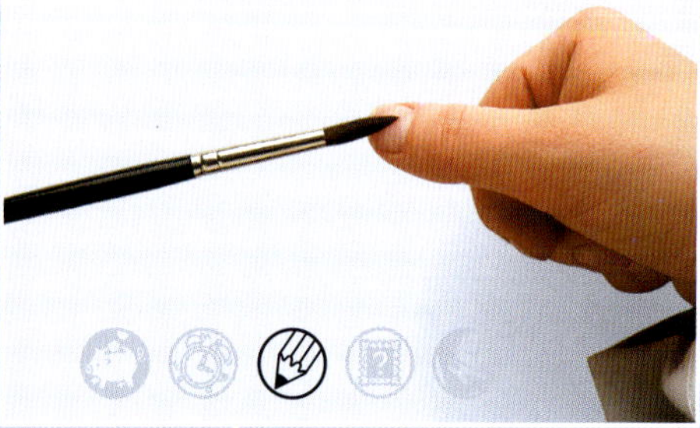

SAUGFÄHIGKEIT DER PINSEL

Um herauszufinden, wie saugfähig ein Pinsel ist, können Sie ihn mit Ihrem Mund anfeuchten. Tun Sie dies aber nur mit einem sauberen Pinsel, da Spurenelemente der Farbe giftig sein können.

28

GERADE LINIEN

Benutzen Sie für lange gerade Linien anstelle eines runden Pinsels zur Abwechslung einmal einen Schlepper oder einen Verwaschpinsel. Schlepper sind langborstige Marderpinsel, die eine sehr feine Spitze haben. Verwaschpinsel sind langborstige, abgeschrägte Marderpinsel mit einer scharfen Malkante. Alle diese Pinsel sind in unterschiedlichen Stärken erhältlich.

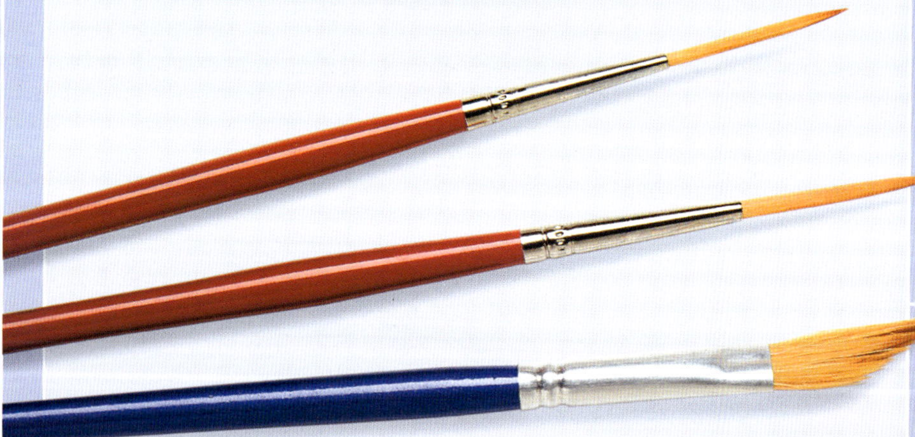

29

BREITE LINIEN

30

Die für breite Linien geeigneten Plakatschreiber bestehen oft aus Synthetikhaaren oder Rindsohrenhaar. Sie können auch kurz oder lang gefasste Flachpinsel verwenden. Alle besitzen eine scharfe Malkante. Kurz gefasste Flachpinsel eignen sich besonders für kleinere Farbaufträge, wohingegen lang gefasste Flachpinsel so viel Farbe aufnehmen, dass Sie mit ihnen lange Linien ziehen können.

PINSELGRÖSSEN

Unterschiedlich große Pinsel nehmen unterschiedlich viel Farbe auf. Daher sollten Sie immer eine Auswahl verschiedener Pinsel bereithalten.

31

LASUREN

Die erste Fertigkeit, die ein Aquarellmaler erlernen muss, ist das Anlegen einer gleichmäßigen Lasur, das einiger Übung bedarf. In diesem Kapitel lernen Sie verschiedene Methoden kennen, die Ihnen schnell zu Erfolgen verhelfen. Auch schwierigere Techniken wie gestufte oder mehrfarbige Lasuren sowie die Nass-in-Nass-Technik werden hier vorgestellt.

PAPIER ANFEUCHTEN

Für eine gleichmäßige Lasur feuchten Sie das Papier mit einem Schwamm oder großen Pinsel an. So verläuft die Farbe besser und es entstehen keine Pinselspuren.

32

GLEICHMÄSSIGE FARBVERTEILUNG

Sollte die Farbe beim Lasieren nach unten auslaufen oder ausfächern, so neigen Sie Ihr Zeichenbrett in verschiedene Richtungen, um die Farbe gleichmäßig zu verteilen.

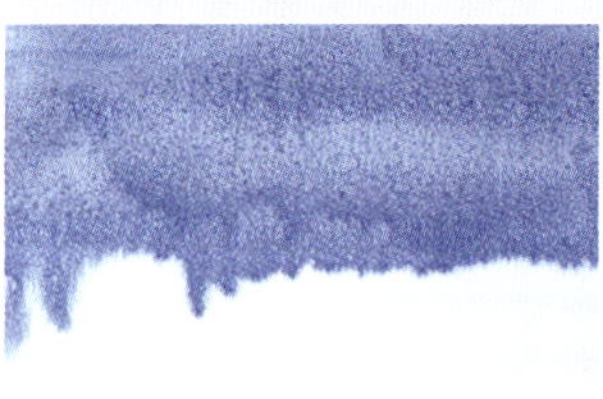

33

GLEICHMÄSSIGE LASUREN

Mischen Sie für eine gleichmäßige Lasur (eine einfarbige und ungestufte Lasur) immer mehr Farbe an, als Sie voraussichtlich benötigen. Denn wenn Ihnen die Farbe ausgeht, ist die Lasur verdorben.

35

ALTERNATIVE LASURPINSEL

Ausgediente Rasierpinsel oder auch Malerpinsel eignen sich hervorragend für großflächige Lasuren.

34

EINHEITLICHER FARBTON

Ist der Farbton Ihrer Lasur nicht ganz gleichmäßig, so verwenden Sie wahrscheinlich zu wenig Farbpigmente. Um Pinselspuren zu vermeiden, sollten Sie den Pinsel weder zu fest aufdrücken, noch mit Farbe überladen. Vermeiden Sie, nochmals über die fertige Lasur zu streichen.

36

GESTUFTE LASUREN

Bei einer von dunkel auf hell gestuften, einfarbigen Lasur setzen Sie den ersten Pinselstrich mit einem gut mit Farbe getränkten Pinsel. Tauchen Sie den Pinsel erst in Wasser und dann in Farbe und fahren Sie so mit der Lasur fort. Das garantiert einen gleichmäßig heller werdenden Farbton.

Beispiel Lasurtechnik: von Robert Tilling „Grauville Bay, Jersey“

37

HELL AUF DUNKEL GESTUFT

Für eine hell auf dunkel gestufte Lasur verfahren Sie auf die gleiche Weise. Drehen Sie jedoch das Blatt zunächst herum und geben Sie so der späteren Unterkante die dunklere Färbung.

38

FARBABSTUFUNG

Wenn Sie die Lasur beendet haben, streichen Sie mit einem sauberen, feuchten und saugfähigen Pinsel nochmals vorsichtig darüber, um eine fließende Farbabstufung zu erhalten.

39

MEHRFARBIGE LASUREN

Zur Herstellung auffälliger, mehrfarbiger Lasuren sollten Sie die Farben nacheinander auftragen und sie ineinander fließen lassen.

Gelb – neben noch feuchtem Blau aufgetragen.

Wo die beiden Farben sich mischen, entsteht als dritte Farbe Grün.

40

VERWASCHENE FARBEN

Erhalten Sie beim Anlegen mehrfarbiger Lasuren verwaschene Farben, so arbeiten Sie wahrscheinlich zu schnell, wodurch die Farben zu stark verlaufen. Um dies zu vermeiden, sollten Sie die Farbe etwas antrocknen lassen, bevor Sie die nächste Farbe auftragen. Arbeiten Sie mit langen und gleichmäßigen Pinselschwüngen von einem Blattrand zum anderen, bis Sie die Lasur beendet haben.

Die Farben in Alan Olivers Gemälde „Poppy Field“ wirken frisch und klar.

41

LASUREN

AUFTROPFEN

Für besondere Effekte wie etwa helle Wolken müssen Sie etwas klares Wasser auf die halbtrockene Farbe tropfen lassen. Für kräftigere Farbeffekte können Sie Zinkweiß oder Gouachefarben verwenden. Dunklere, sehr flüssige Farben verlaufen in die Lasur und können eine aufregende Wirkung erzielen. Solche ausdrucksstarken Lasuren eignen sich gut als Hintergrund für Stillleben, deuten Wolken, Sturm und entfernte Bäume an und verstärken eine abstrakte Wirkung.

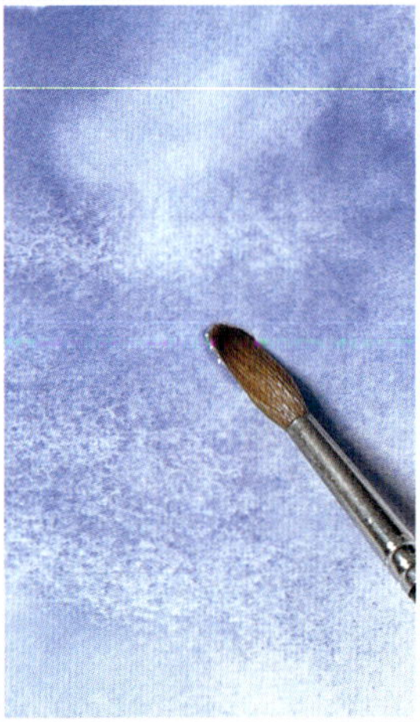

Wasser wird auf noch feuchte Farbe aufgetupft.

Zinkweiß ergibt einen kräftigeren Farbeffekt.

Dunklere Farben erzielen dramatische Wirkungen.

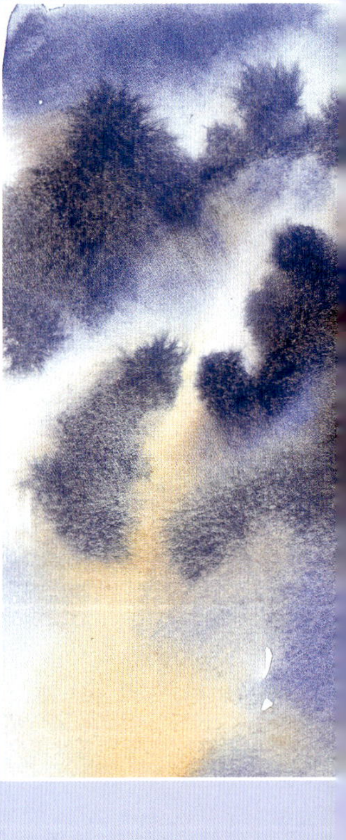

Ineinander geflossene Farben bilden Muster.

42

TEILLASUREN

43

Wollen Sie nur einen Teil des Bildes mit einer Lasur versehen, z. B. einen Himmel, so setzen Sie den Pinsel am Schornsteinrand an und malen von dort zum Rand des Blattes. Arbeitet man auf die Trennlinie zu, geschieht es leicht, dass man sie übermalt. Neigen Sie das Blatt so, dass die Farbe zum Blattrand läuft, damit sich an der Trennlinie keine Farbpfützen bilden.

MASKIEREN

44

Werden Ihre Lasuren unregelmäßig, wenn Sie über Abdeckmittel arbeiten, dann versuchen Sie, mit nur einem Pinselschwung die gewünschte Farbintensität zu erzielen. Nochmaliges Übermalen der Lasur lässt sie unregelmäßig werden.

BESSERE DECKUNG

45

Bleiben beim Lasieren kleine weiße Stellen auf dem Aquarellpapier zurück, so geben Sie einen Tropfen Ochsengalle in Ihre Farbe: Das verbessert ihre Fließfähigkeit und die Farbe deckt wieder besser.

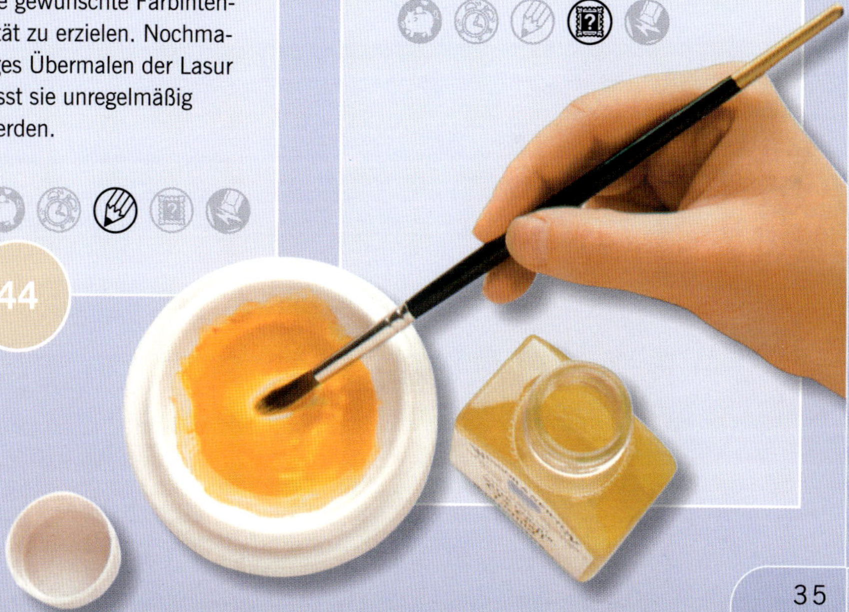

LASUREN MIT AQUARELLSTIFTEN

46

Großflächige Lasuren lassen sich mit Aquarellstiften schwer anlegen. Sie können jedoch Farbe mit einem Teppichmesser von der Stiftspitze auf eingefeuchtetes Papier schaben. Mit einem feuchten Pinsel können Sie die abgeschabte Farbe dann verteilen, bis sie sich löst. Oder Sie schaben die benötigte Farbmenge in eine Schale mit Wasser und tragen sie dann auf das Papier auf.

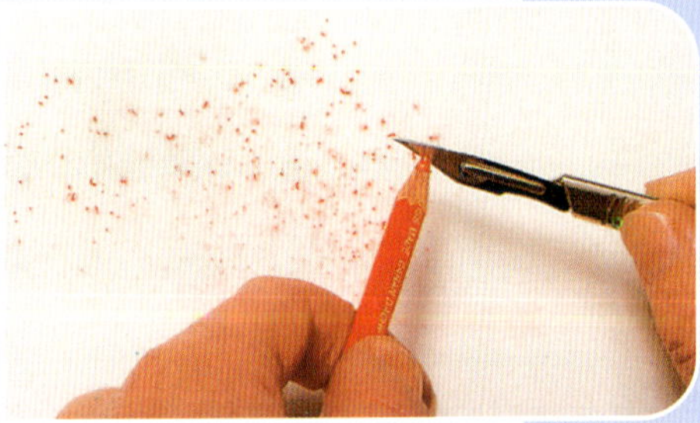

Schaben Sie Farbe vom Aquarellstift auf das feuchte Papier.

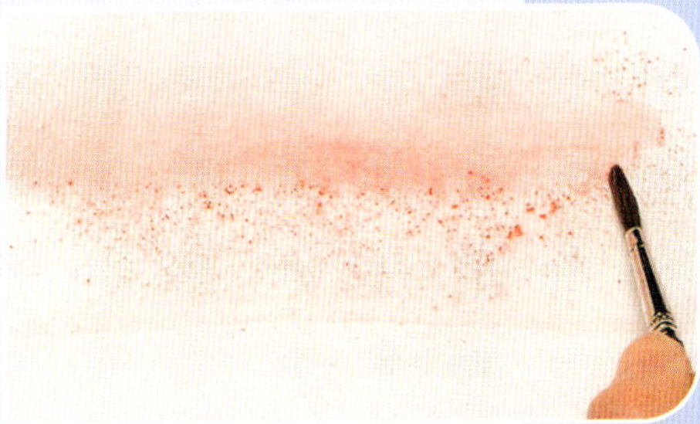

Verwischen Sie die Farbe auf dem feuchten Papier, bis sie sich löst.

TROPFEN AUFSAUGEN

47

Sollten sich beim Lasieren am unteren Rand der Lasur Farbtropfen bilden, saugen Sie sie mit Küchenpapier an der Stelle auf, wo die Lasur enden soll.

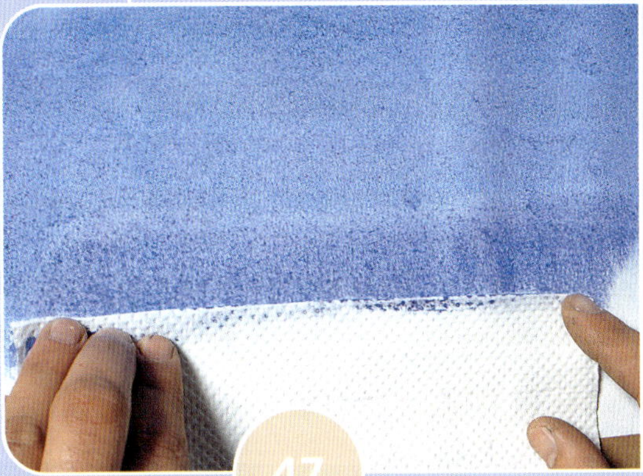

ÜBERSCHÜSSIGE FARBE

48

Damit am unteren Papierrand keine große Farbpfütze entsteht, sollten Sie immer den Rand des vorhergehenden Pinselschwungs leicht übermalen und so die bereits aufgetragene Farbe weiter vermalen. Nach Fertigstellung der Lasur können Sie die überschüssige Farbe am unteren Rand mit einem leicht feuchten Pinsel aufsaugen.

LAVIEREN

Falls beim Lavieren Wasserpfützen entstehen, geben Sie dem Papier wahrscheinlich nicht genügend Zeit, die erste Farbschicht ausreichend aufzunehmen, bevor Sie die zweite Farbe auftragen. Je mehr Wasser das Papier aufnimmt, desto matter wird es. Wenn das Papier schon viel Wasser aufgesaugt hat, verläuft eine weitere Farbe zwar noch gut, aber man kann sie besser kontrollieren. Ist das Papier vollständig matt, aber noch feucht, können Sie die Farben am besten manipulieren, ohne jedoch auf die zart verlaufenden Ränder verzichten zu müssen, die Büsche oder Bäume am Horizont so plastisch erscheinen lassen.

49

50

ÜBERARBEITEN

Beim Überarbeiten halbtrockener Lasuren entstehen leicht Flecken. Warten Sie besser, bis das Blatt ganz getrocknet ist, feuchten Sie die Farbe um die unregelmäßige Stelle herum an und betupfen Sie sie dann mit der Pinselspitze.

LASUREN ENTFERNEN

51

Gelingt eine Lasur nicht nach Ihren Wünschen, wird sie fleckig, streifig oder verläuft sie zu stark, so tränken Sie das Blatt vollständig mit Wasser. Dann saugen Sie sofort die gesamte Farbe mit Löschpapier auf. Wiederholen Sie den Vorgang, falls es nötig ist. Sollte ein Teil der Lasur bereits trocken sein, überstreichen Sie die vollständig getrocknete Lasur nochmals mit Wasser. Die Farbe verteilt sich dadurch gleichmäßig.

Tränken Sie zunächst die Lasur mit Wasser.

Die gesamte Farbe wird mit Löschpapier aufgesaugt.

BESONDERE EFFEKTE

Je mehr ihrer vielfältigen Möglichkeiten man entdeckt, desto reizvoller wird die Aquarellmalerei. Über die Jahrhunderte hinweg haben Aquarellkünstler zahlreiche Techniken entwickelt und verbessert. Einige dieser „Zunftgeheimnisse" verdanken wir allein dem Zufall. So kann beispielsweise eine verunglückte Lasur mit Flecken und Streifen zu einem völlig neuen Ansatz führen. Mit der Zeit entwickelt jeder Maler eigene Tricks und Kniffe. Aber warum sollten Sie nicht auch von der Erfahrung anderer profitieren? Probieren Sie doch einfach ein paar der hier vorgestellten Techniken aus.

ZARTER GLANZ

52

Um einer fertigen Arbeit einen zarten Glanz zu verleihen oder den Farbton leicht zu verändern, sprühen Sie mit einem Zerstäuber einen feinen Farbfilm darüber, wenn das Bild vollständig trocken ist. Sie können einen Mundzerstäuber verwenden, wie er für das Auftragen von Fixativ in der Pastellmalerei benutzt wird oder einfache Zerstäuber für das Besprühen von Pflanzen. Sie eignen sich auch, um Ihr Papier während des Arbeitens wieder anzufeuchten. Halten Sie beim Sprühen Abstand, damit sich keine Farbtropfen bilden.

Die Farbe wird mit dem Zerstäuber auf das Bild gesprüht.

Dadurch wird die Lasur aufgelockert und der Oberfläche Struktur verliehen.

53

FARBVERLÄUFE

Wenn Sie Ihre Lasur mit einem zarten Wasserstrahl besprühen, erhalten Sie einen ungewöhnlichen Hintergrund. Das Wasser löst einen Teil der Farbpigmente, die sich ausbreiten und verlaufen. Je nach Wassermenge fallen diese Verläufe größer oder kleiner aus. Mit einem Pinsel oder durch Neigung des Papiers können Sie die Richtung des Farbverlaufs beeinflussen. Sie können ihn aber auch dem Zufall überlassen. Diese Technik ermöglicht sowohl sanfte Farbübergänge als auch das Hervorheben einer Hintergrundfarbe. Das Besprühen eines mehrfarbigen Teils des Bildes lässt den Effekt noch interessanter wirken.

FARBKLECKSE

Sie können Ihre Aquarellfarben auf fantasievolle Weise einsetzen und Ihren Malstil bereichern, indem Sie Farbe auf den Malgrund tropfen lassen und Kleckse erzeugen. Blattwerk, Blumen und Blüten können Sie so neuartig gestalten. Die Kleckse lassen sich vielfach variieren: Sie können die Farbe aus unterschiedlicher Höhe auftropfen, die Farbverdünnung ändern oder die Form der Kleckse beeinflussen, indem Sie Ihr Blatt schräg halten, schütteln oder die noch feuchte Farbe in verschiedene Richtungen pusten.

54

WEICHE UMRISSE

Sind Bildbestandteile, z. B. eine Wolke, zu scharf umrissen, können Sie die noch feuchten Umrisse mit einem Wattestäbchen weicher gestalten.

55

Getropfte Farbe erzeugt Kleckse.

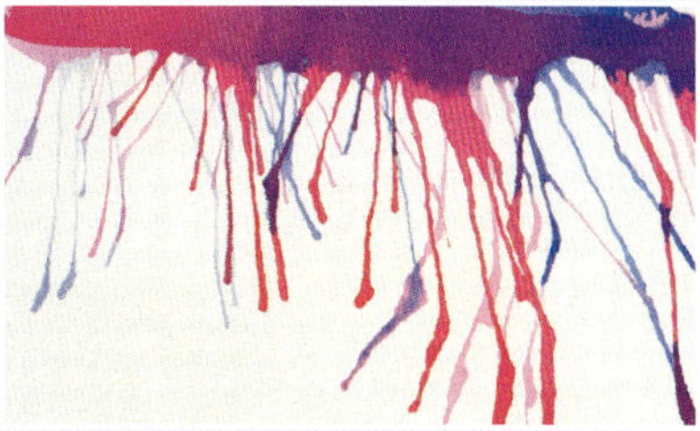

Durch Pusten entstehen lange Streifen.

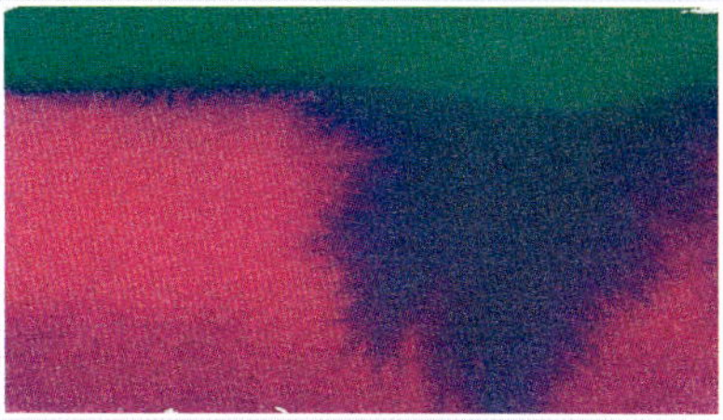

Experimentieren Sie mit Zufallseffekten.

UNGEWÖHNLICHE FORMEN

Die Farbe wird mit Sandpapier eingerieben.

Die Farbe lässt sich mit Pappe verteilen.

Sie können ungewöhnliche Formen und Strukturen erzeugen, indem Sie Farbe mit alltäglichen Gegenständen auftragen. Benutzen Sie Pappe, einen Lappen, eine Rasierklinge, Sandpapier oder das Kartoffeldruckverfahren.

56

57 TRICKS MIT AQUARELLSTIFTEN

Auch mit Aquarellstiften können ungewöhnliche Effekte erzielt werden. Nehmen Sie verschiedenfarbige Aquarellstifte und schaben Sie ein paar Farbpigmente in eine Schale. Tragen Sie mit einem großen, nassen Pinsel die Farbkrümel auf das Papier oder bemalte Stellen auf.

58 FARBPUNKTE

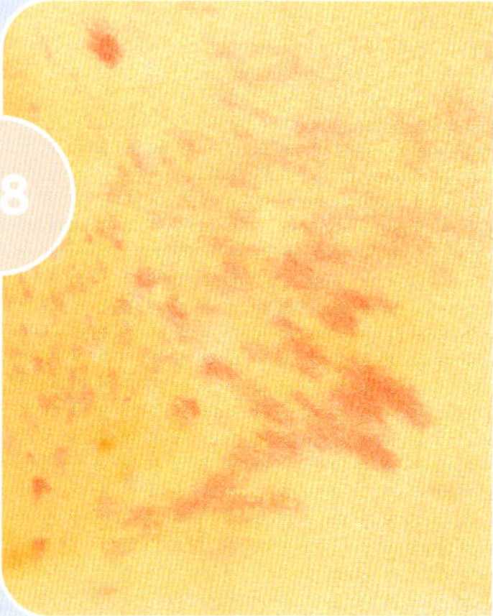

Sie können einen Hintergrund interessanter gestalten, indem Sie die von einem Aquarellstift abgeschabte Farbe auf den noch feuchten Hintergrund streuen. Farbstücke, die nicht auf dem feuchten Hintergrund haften, können Sie nach dem Trocknen vom Bild herunterpusten.

Sprenkel eines großen Pinsels auf nassem Papier.

59 SPRENKELN

Anstelle der üblichen Technik mit der Zahnbürste können Sie auch Pinsel zum Sprenkeln verwenden. Feinere erzeugen zartere, größere Pinsel gröbere Muster. Diese Technik lässt sich auf nassem und trockenem Malgrund einsetzen.

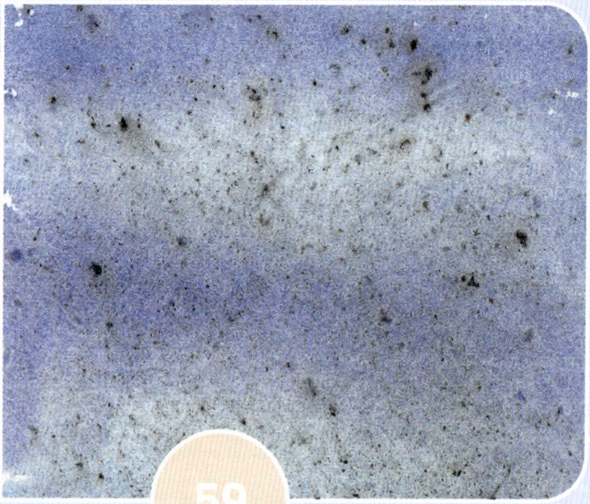

FARBE AUFSPRÜHEN

60

Warten Sie, bis der Hintergrund ganz getrocknet ist und sprühen Sie dann Farbe mit einem Strohhalm auf. Folgen Sie dabei der Maserung des Papiers von unten nach oben.

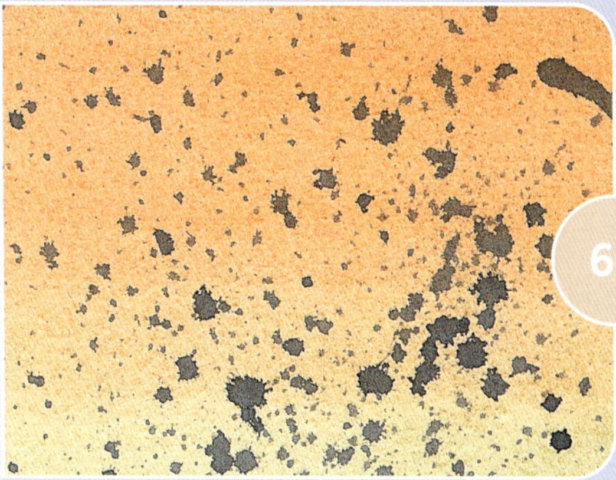

SCHWAMMDRUCK

61

Mit Hilfe eines trockenen Naturschwamms, der in Farbe getaucht und auf das Papier getupft wird, lassen sich Blattwerk, Felsen oder auch Sand reizvoll gestalten.

MASERUNGEN

Um Sand oder Schneeflocken plastischer erscheinen zu lassen, streuen Sie grobes Salz auf die noch nasse Farbe. Bürsten Sie es nach dem Trocknen wieder ab.

La Vere Hutchings verwendete die Salztechnik in ihrem Bild „After the Frost" (Ausschnitt).

62

FARBE AUFROLLEN

63

Unregelmäßige Hintergründe lassen sich mit einer Farbwalze einfach herstellen. Geben Sie etwas Farbe aus der Tube auf eine Glas- oder Kunststoffscheibe und mischen Sie sie mit etwas Wasser. Tragen Sie die Farbe mit der Walze auf ein ungleichmäßig eingefeuchtetes Blatt auf. An den trockenen Stellen entstehen große Farbflecken; an den feuchten Stellen wird die Farbe stärker verlaufen. So entsteht ein ungewöhnlicher Hintergrund.

GLÄNZENDE FARBEN

Ein Tropfen Gummiarabikum verleiht der Farbe Glanz und macht sie zähflüssiger. Die Farbe dringt dann nicht in das Papier ein, sondern trocknet an der Oberfläche. Dadurch ist es einfacher, sie wieder zu entfernen. Diese etwas langsamer fließende Farbe ergibt bei der Nass-in-Nass-Technik interessante Effekte, insbesondere wenn man die halbtrockene oder trockene Farbe nochmals mit Wasser oder Farbe besprenkelt. Ein Tropfen Gummiarabikum verhindert, dass kräftige Farben stumpf wirken; zu viel davon kann die Farben jedoch rissig werden lassen.

64

KOMBINIERTE MALMEDIEN

65

Sie können Ihrem Hintergrund Struktur verleihen, indem Sie Aquarellfarbe auf andere Medien wie etwa Wachsmalkreide, Pastellfarbe oder Ölfarbe auftragen. Dadurch werden gleichzeitig die darunter liegenden Farben fixiert.

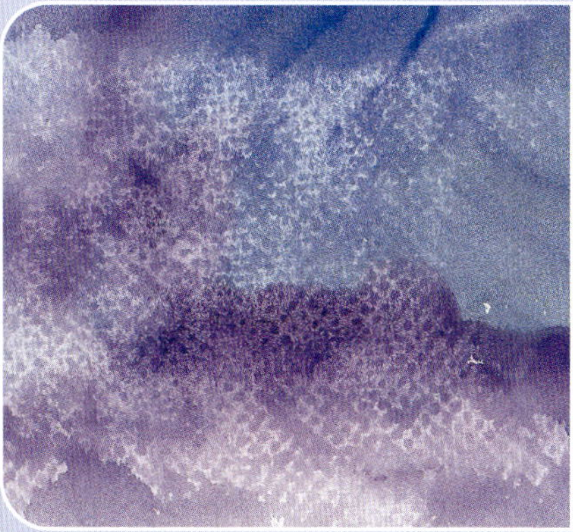

FARBE ENTFERNEN

66

Saugen Sie überschüssige Farbe mit Küchenpapier auf. Dies erzeugt auf einem Malgrund aus rauem Papier eine interessante Wirkung. Im Gegensatz zu Löschpapier hinterlässt das Küchenpapier einen Abdruck seiner groben Struktur.

ABDECKMITTEL

Wirkt eine Farbe des getrockneten Bildes zu intensiv und Sie wollen sie aufhellen, so können Sie anstelle von Löschpapier oder einem feuchten Schwamm auch Abdeckmittel verwenden. Streichen Sie die Stelle mit Abdeckmittel ein. Lassen Sie es trocknen und entfernen Sie es dann.

Hier wurden weiche Glanzlichter mit Abdeckmittel erzeugt.

67

ABDUSCHEN

68

Das Übergießen des Bildes mit heißem oder kaltem Wasser kann zu unterschiedlichen Effekten führen. Sie können die Technik in jeder Entstehungsphase des Bildes anwenden.

Kräftige Farben für eine Blume.

Kaltes Wasser darüber gießen.

Farben und Linien verlaufen.

Mehr Farbe wird aufgetragen.

Das fertige Bild besitzt eine interessante, zarte Textur.

FARBE ABWASCHEN

Schwerem oder vorgespanntem Papier können Sie eine interessante Struktur verleihen, indem Sie die trockene Lasur teilweise abwaschen. Stellen Sie Ihre Arbeit leicht angeschrägt auf und waschen Sie die Lasur mit einem Wasserstrahl vorsichtig ab. Sehr dünn aufgetragene Farbe wird fast vollständig vom Papier aufgenommen. An diesen Stellen wird nur wenig Farbe abgewaschen. Stellen mit starkem Farbauftrag können Sie dagegen fast vollständig freilegen und so eine interessante Struktur erzeugen. Vergessen Sie nicht, dass stark deckende Farben wie Krapprot, Karminrot oder Chromgrün mehr Farbe hinterlassen. Die Pigmente der transparenteren Farben wie Coelinblau und Neapelgelb liegen eher an der Blattoberfläche und lassen sich besser abwaschen.

69

GLANZLICHTER UND MASKEN

Da Aquarellfarben transparent sind, werden Glanzlichter gesetzt, indem man Stellen des weißen Papiers unbemalt belässt. Hilfsmittel wie Abdeckmittel erleichtern diese Technik erheblich. Aber auch verloren gegangene Glanzlichter lassen sich mit verschiedenen Tricks wieder herstellen.

GLANZLICHTER AUFHELLEN

70

Mit einem Radierstift können Sie Glanzlichter betonen. Reiben Sie mit dem gut gespitzten Stift vorsichtig über die Glanzlichter des getrockneten Bildes. So entfernen Sie die obersten oder auch sämtliche Farbschichten und unterstreichen den Effekt einfallenden Lichts. Mit dem spitzen Stift lassen sich besonders Details gut hervorheben.

WISCHTECHNIK

In einem noch feuchten Hintergrund können Sie mit einem Tuch Linien aufhellen. Ist die Farbe bereits getrocknet, feuchten Sie das Tuch an. Diese Technik eignet sich zur Betonung von Wolken oder einfallendem Sonnenlicht.

71

GESCHABTE GLANZLICHTER

Sehr feine Glanzlichter können Sie erzeugen, indem Sie trockene Farbe mit dem Skalpell abschaben. Hierfür muss die Farbe vollständig getrocknet sein.

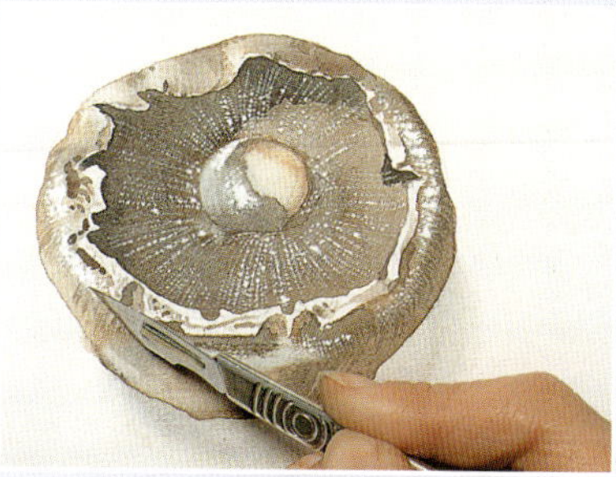

72

ALTERNATIVE RADIERER

Setzt man den Radiergummi zu intensiv ein, können Farbe oder Papier beschädigt werden. Mit Brotresten lassen sich Glanzlichter sanfter freilegen. Kneten Sie das Brot weich und verwenden Sie es wie einen gewöhnlichen Radiergummi. Drücken Sie das Brot nicht zu heftig auf, da es sonst zerkrümelt.

73

FARBE ABHEBEN

Während des Trocknens können Sie Lichteffekte erzeugen, indem Sie Farbe mit einem trockenen Pinsel abheben. Da die Farbe weiterhin zurückfließt, müssen Sie diesen Vorgang mehrmals wiederholen.

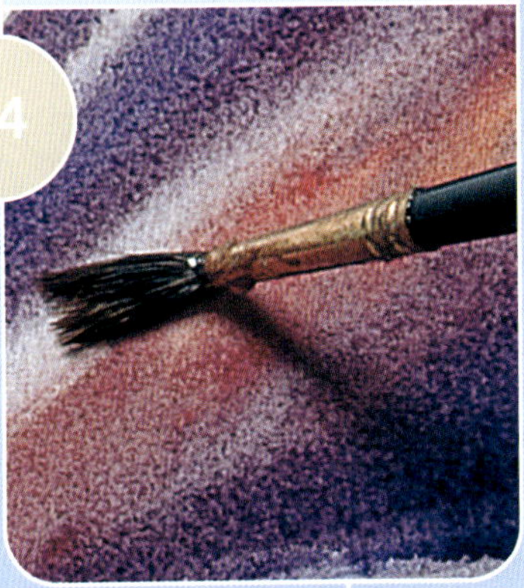

74

PASTELL-GLANZLICHTER

Lässt sich ein übermaltes Glanzlicht nicht freilegen, können Sie es wiederherstellen, indem Sie einen Pastellton auf die Stelle setzen und ihn einreiben.

75

VERGOLDEN

In der Aquarellmalerei gilt das Setzen von Glanzlichtern durch das Auftragen von Blattgold als seltene Technik. Der Maler Samuel Palmer verwendete sie jedoch häufig.

Tragen Sie Leim auf und lassen Sie ihn 20 bis 25 Minuten trocknen.

Tragen Sie Blattgold mit Küchenpapier auf.

Entfernen Sie überflüssiges Blattgold nach zwei bis vier Stunden, und polieren Sie.

76

AQUARELLMALEREI

PAPIERMASKEN

77

Decken Sie Teile Ihres Blattes mit Zeitungspapierschnipseln ab, bevor Sie die Lasur anlegen. Sie erzielen einen scharfen Kontrast, wenn Sie das Papier erst nach dem Trocknen entfernen.

Lasur wird auf das Zeitungspapier aufgetragen.

Die Papierschnipsel hinterlassen weiße Stellen.

Weitere Farbakzente runden das Bild ab.

GLANZLICHTER MIT ABDECKMITTEL

78

Je kleiner die Stellen sind, die Sie freilassen möchten, desto schwieriger ist es, sie auszusparen. Es ist wesentlich einfacher, kleine Formen zunächst mit Abdeckmittel aufzutragen.

Doreen Bartlett: „Poppy Field“

ABDECKMITTEL ENTFERNEN

79

Haben Sie das Abdeckmittel zu lange auf dem Papier gelassen, so lässt es sich schwer entfernen. Je nach Luftfeuchtigkeit und Temperatur trocknet das Abdeckmittel unterschiedlich schnell. Mit einer Kugel aus altem Abdeckmittel lässt es sich sanfter entfernen als mit dem Radiergummi. Rollen Sie dazu die Kugel über das getrocknete Abdeckmittel.

ALTERNATIVE ABDECKMITTEL

Textilklebstoff, zu gleichen Teilen mit Wasser gemischt, eignet sich gut als Abdeckmittel. Die abgedeckten Stellen lassen sich leicht wiederfinden, wenn Sie ein wenig transparente Farbe in den Klebstoff oder auch in das Abdeckmittel einrühren.

80

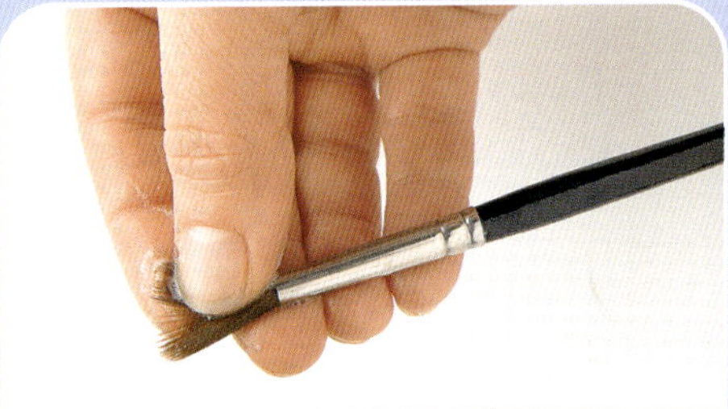

PINSELPFLEGE

Damit Ihr Pinsel nicht durch Abdeckmittel angegriffen wird, sollten Sie das Abdeckmittel rasch auftragen und den Pinsel unverzüglich und gründlich reinigen. Ein wenig Seifenschaum schützt Ihren Pinsel und erleichtert das Entfernen des Abdeckmittels. Auf die Wirksamkeit des Abdeckmittels hat der Schaum keinen Einfluss.

81

ANDERES WERKZEUG

Wollen Sie feine Linien abdecken, so tragen Sie das Abdeckmittel mit einer Feder auf. Für größere Flächen können Sie Wattestäbchen verwenden.

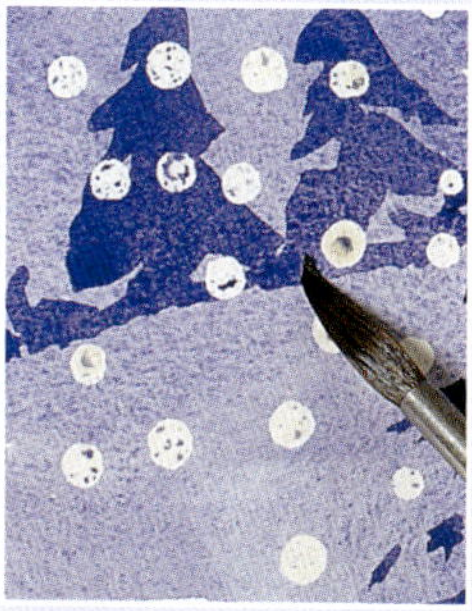

Ein mit Wattestäbchen aufgetragenes Abdeckmittel.

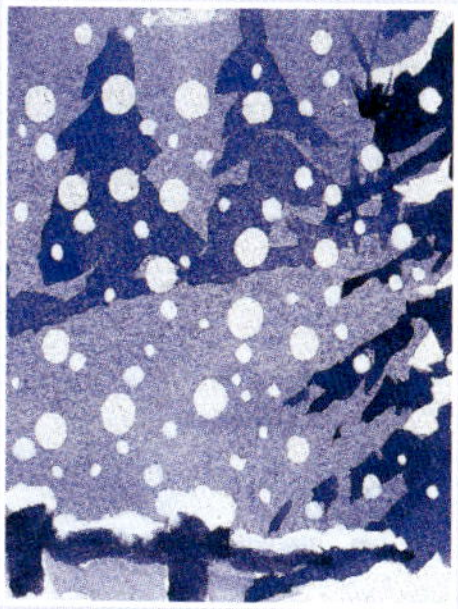

Es entstehen gleichmäßige weiße Flecke.

Ein mit der Feder aufgetragenes Abdeckmittel wird übermalt.

Die Linien werden wesentlich feiner als mit dem Pinsel aufgetragen.

82

KERZENWACHS

Auch einfaches Kerzenwachs eignet sich als Abdeckmittel. Es ist jedoch schwieriger zu entfernen als Abdeckmittel. Daher belässt man es oft auf dem Malgrund, wodurch es zur Struktur des Bildes beiträgt.

Vor dem Auftragen der Farbe wurde heißes Kerzenwachs auf das Papier getropft.

83

KORREKTUREN

In der Aquarellmalerei passiert leicht Unerwartetes. Sie müssen Ihr Bild aber nicht gleich wegwerfen, wenn eine Lasur fleckig geworden oder Farbe auf eine Stelle getropft ist, die weiß bleiben sollte. Es gibt viele Möglichkeiten, Fehler zu korrigieren: Wenn Sie mit einem Bild nicht zufrieden sind, können Sie es auch mit Farbstiften oder Pastellfarbe übermalen.

ÜBERPINSELN

84

Wenn der Rand eines Pinselstrichs zu deutlich ist und Sie weichere Konturen wünschen, fahren Sie mit einem feuchten Pinsel darüber.

FARBE ENTFERNEN

85

Getrocknete Aquarellbilder lassen sich verändern, wenn man durch nochmaliges Anfeuchten die Farbe verlagert oder teilweise entfernt. Hierfür eignen sich Schwämme besser als Pinsel. Da sich die Farbpigmente in den Papierfasern festsetzen, können die meisten Farben jedoch nicht vollständig entfernt werden. Lassen Sie das Bild gut trocknen, bevor Sie weiterarbeiten.

FLECKEN TARNEN

Nach der Korrektur einer falschen Farbe oder eines unerwünschten Farbtons bleiben oft leichte Farbflecke zurück. Sie können sie mit Deckweiß oder weißer Acrylfarbe übermalen. Die trockene Acrylfarbe kann mit transparenter Aquarellfarbe übermalt werden.

Weiße Acrylfarbe überdeckt.

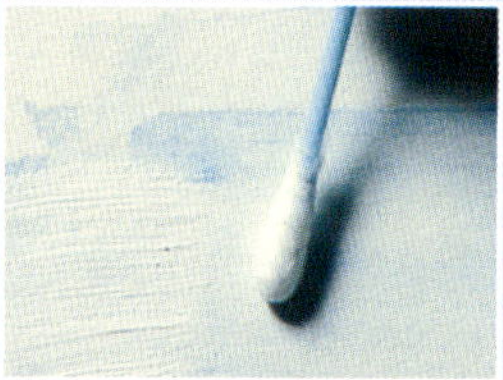

Konturen werden verwischt.

Weitere Farbe auftragen.

86

FIXIERMITTEL

Ist Ihr Papier zu saugfähig oder durch häufiges Reiben zu rau geworden, können Sie die Papieroberfläche mit einer dünnen Schicht weißer oder farbiger Acrylfarbe versiegeln. Als Malgrund oder zur Korrektur sollte Acrylfarbe aber immer sehr dünn aufgetragen werden, da die Aquarellfarbe sonst nicht mehr haften kann.

87

KREIDEZAUBER

Buntstifte oder Pastellkreide können ein verunglücktes Bild oftmals in ein wahres Kunstwerk verwandeln und ganz besondere Effekte erzeugen.

Hazel Soan verwendete für ihr Bild „Fish River Canyon“ Farbstifte.

88

DECKFÄHIGKEIT

Da Aquarellfarben üblicherweise transparent sind, mischen viele Aquarellmaler ihre Farben mit Deckweiß. Zu den Mitteln, mit denen Sie Ihren Farben mehr Deckfähigkeit verleihen können, ohne dafür den Fachhandel aufsuchen zu müssen, gehören Seife oder stärkehaltiges Wasser.

PAPIER FÄRBEN

89

Schon bei den frühen Aquarellmalern war das Färben des Papiers mit verdünntem Kaffee eine beliebte Methode. Dadurch entsteht ein blasser, warmer Hintergrund. Die Chinesen färben ihr Papier mit Teeblättern; ein in Wasser getauchter Teebeutel wirkt ganz ähnlich.

FARBABFOLGE

Sprengen Sie die Konvention, dass man in der Aquarellmalerei mit den hellen Farbtönen beginnt und dann die dunklen Farben aufträgt. Auch bekannte Künstler richten sich nicht immer danach. Ein Beispiel ist William Turner. Er verwendete blau gefärbtes Papier, trug erst deckende, weiße Farbe auf und arbeitete von dunkel nach hell, wie in der Ölmalerei.

Verdünnte weiße Farbe verändert dunklere Farben.

90

DECKMEDIEN

91

Verhelfen Sie Ihren Farben zu mehr Deckung, indem Sie Reiswasser verwenden. Auch Seife eignet sich hierfür: Sie verdickt die Farbe zusätzlich, aber hinterlässt kleine Bläschen, wenn Sie mit einem steifen Pinsel arbeiten.

DECKENDE FARBEN

92

Gouache mit Zinkweiß oder weißer Gouache vermischt, ergibt blassere, deckendere Farben. Das gilt auch für unverdünnte Aquarellfarben wie lichtes Ocker oder Kadmiumgelb. Testen Sie dies auf farbigem Ingrespapier.

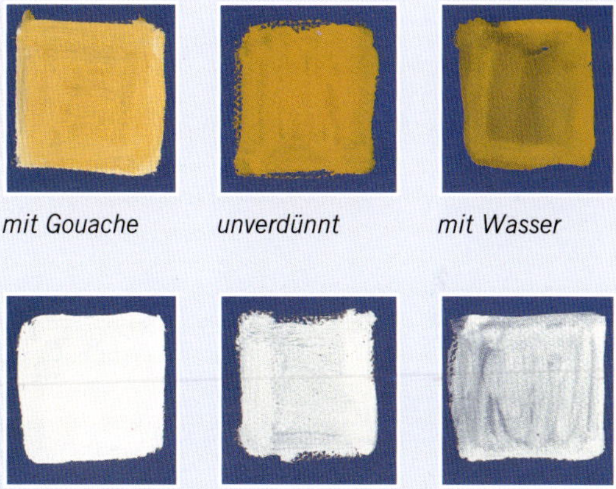

mit Gouache — *unverdünnt* — *mit Wasser*

Nun wird dickere weiße Farbe aufgetragen.

Das vermischte Weiß ergibt einen milchigen Ton.

MALEN IM FREIEN

Malen in einer ungewohnten Umgebung stellt eine Herausforderung dar, denn man trifft immer wieder auf neue Farbtöne. Widerstehen Sie aber der Versuchung, sich mit einer ganzen Palette neuer Farben auszustatten. Nehmen Sie nur wenige Farben mit und mischen Sie sie stattdessen. Einige der berühmtesten Aquarelle wurden mit nur fünf oder sechs Farben gemalt.

VORBEREITUNGEN

93

Wenn Sie auf gefärbtem Papier arbeiten wollen, sollten Sie es zu Hause vorbereiten, damit Sie vor Ort direkt mit dem Malen beginnen können. Zur Sicherheit sollten Sie mehrere Blätter mit dem gewünschten Farbton vorbereiten.

KLEINE FARBPALETTE

Wenn Sie nicht sicher sind, welche Tubenfarben Sie benötigen, wählen Sie je zwei Farbtöne der Primärfarben Rot, Gelb und Blau aus. Damit können Sie das Mischen der Farben lernen. Üben Sie vorher ausgiebig.

94

VIELFÄLTIGE FARBTÖNE

Bei der Arbeit im Freien können Sie nicht immer eine große Palette mitnehmen. Sie können aber mit einer einzigen Farbe zahlreiche Farbtöne erzeugen. Mischen Sie beispielsweise Naturbraun mit unterschiedlich viel Wasser an, so erhalten Sie Farbtöne, die von Dunkelbraun über Backsteinfarben und Ocker bis hin zu Cremefarben reichen.

95

FARBQUADRATE

Wählen Sie Aquarellstifte in den gewünschten Farben aus und malen Sie mit ihnen 5 cm große Quadrate auf die letzte Seite Ihres Aquarellblocks. Jetzt benötigen Sie nur noch einen Pinsel und ein wenig Wasser, um auf den vorderen Seiten des Blocks arbeiten zu können. Feuchten Sie die Farbquadrate mit dem Pinsel an und mischen Sie die Farben nach Wunsch.

96

WASSERERSATZ

97

Wenn Sie kein sauberes Wasser mehr haben, aber noch ein paar Tropfen benötigen, um eine Farbe anzumischen, können Sie auch Speichel verwenden.

DER FINGERNAGELTRICK

98

Im Freien haben Sie nicht immer Ihre ganze Ausrüstung dabei. Wollen Sie trockene Farbe abschaben, um ein Glanzlicht zu setzen, können Sie dies auch mit dem Fingernagel tun.

RADIERGUMMI-ERSATZ

Wenn Sie Ihren Radiergummi vergessen haben, ist ein Stück trockenes Baguette ein hervorragender Ersatz.

99

LANDSCHAFTEN

Klammern Sie sich bei der Landschaftsmalerei nicht zu sehr an Details. Betrachten Sie Ihr Bild als Interpretation der Natur, nicht als eine perfekte Kopie.

BLICK FÜR DAS WESENTLICHE

100

Es geschieht leicht, dass man von der Fülle landschaftlicher Details überwältigt ist und den Gesamteindruck aus den Augen verliert. So entstandene Bilder wirken oft unruhig und uneinheitlich. Um ein überzeugendes Landschaftsbild zu malen, sollten Sie Ihre künstlerische Freiheit nutzen und sich auf einige wenige hervorstechende Merkmale konzentrieren. Üben Sie dies, indem Sie Ihre Augen halb schließen. Die Landschaft verschwimmt und Sie können sie vor Ihrem geistigen Auge auf elementare Bestandteile und Farbtöne reduzieren.

EINHEITLICHE FARBEN

Beginnen Sie mit dem Himmel und stimmen Sie die Farbtöne der Landschaft auf die des Himmels ab. Ein einheitlicheres Landschaftsbild entsteht, wenn Sie die Farbe des Himmels auch für Teile der Landschaft verwenden: Setzen Sie z. B. Blautöne zwischen Grüntöne. Um der Landschaft Tiefe zu verleihen, arbeiten Sie im Hintergrund mit kälteren, im Vordergrund mit wärmeren Farben.

101

WOLKEN

102 Überprüfen Sie im Freien die tatsächliche Farbe weißer Wolken, indem Sie ein weißes Blatt gegen den Himmel halten: Sie werden überrascht sein, wie wenige Wolken wirklich weiß sind. Wird eine Wolke direkt von der Sonne angestrahlt, sind ihre Umrisse deutlich zu erkennen. Bei nur geringer Sonneneinwirkung sind die Umrisse verschwommen.

SPIEGELUNGEN

Um festzustellen, ob Ihnen eine Spiegelung gelungen ist, sollten Sie Ihr Bild einfach auf den Kopf drehen. So können Sie prüfen, ob das Spiegelbild überzeugt.

103

GEGENSTÄNDE UNTER WASSER

Wollen Sie einen Gegenstand malen, der im Wasser liegt, sollten Sie dem Wasser Tiefe verleihen, indem Sie die Wasseroberfläche deutlich hervorheben. Ziehen Sie mit einem farblich passenden, spitzen Aquarellstift eine klare Trennlinie entlang der Wasserlinie.

Das Objekt wird gemalt.

104

REFLEKTIERTE FARBE

105

Farbreflexionen im Wasser sollten sowohl die Farbe des reflektierten Gegenstandes als auch die allgemeine Farbwirkung des Wassers – normalerweise eine Spiegelung des Himmels – aufweisen. Dazu müssen Sie eine dünne Lasur in der Farbe des Himmels auf die Spiegelungen auftragen.

Eine dünne Lasur in der Farbe des Himmels wird auf die Spiegelungen aufgetragen.

Die Farben der Spiegelbilder sind etwas intensiver als die der Gebäude.

Die Wasserlinie wird markiert.

Die deutliche Linie unterstützt die Tiefenwirkung.

BÄUME UND BLATTWERK

Konzentrieren Sie sich auf die Hauptfarben des Blattwerks, der Äste und des Stammes, anstatt viele verschiedene Braun- und Grünschattierungen zu verwenden. Beobachten Sie genau!

LAUB

106

Die Textur von Laub ist mit Aquarellfarben nur schwer zu erzielen. Sie gelingt leichter mit Wachsmalstiften oder Ölfarben, auf einen Aquarellhintergrund aufgetragen.

Ein einfacher Malerpinsel eignet sich gut für große Flächen.

Wachsmalstift wird auf die trockene Farbe aufgetragen.

Kombinierte Farbmedien erzeugen interessante Texturen.

FRISCHE BLUMEN

107

Damit Blumen organisch wirken, malen Sie zunächst nur die groben Formen in hellen Tönen. Verwenden Sie die Nass-in-Nass-Technik, um die Flächen innen dunkler auszufüllen. Trockene Farbe feuchten Sie wieder an, bevor Sie weitere Farbe eintropfen. Lassen Sie das Papier trocknen. Ergänzen Sie Details mit Pinsel oder Aquarellstift.

Die grobe Form der Blume wird aufgetragen.

Die Formen werden in Nass-in-Nass-Technik ausgefüllt.

BLATTWERK

108

Dunklere auf hellerer Farbe erzeugt Tiefe.

Blattwerk können Sie auch mit einem Schwamm lebhaft gestalten. Tupfen Sie eine hellere Farbe wie beispielsweise Gelb auf und setzen Sie dann dunklere Farben wie Grün oder Orange darüber. So entsteht der Eindruck von Schatten.

Weiche Formen werden mit deutlich umrissenen Details kontrastiert.

BLATTADERN

109

Tragen Sie die grobe Form eines Blattes mit einer sanften Farbe auf und maskieren Sie die Blattadern mit Abdeckmittel. Arbeiten Sie dann die Blätter mit verschiedenen Farbabstufungen aus. Zum Schluss entfernen Sie das Abdeckmittel – die Blätter wirken realistisch.

Abdeckmittel wird auf die getrocknete Farbe aufgetragen.

Durch verschiedene Farbtöne erhält das Blatt Struktur.

GEBÄUDE

Aquarellfarbe eignet sich sehr gut für das Malen von Gebäuden, da sich architektonische Merkmale durch die Kombination breit angelegter Lasuren und feiner Pinselstriche gut darstellen lassen.

110

MAUERWERK

Bei einer Backsteinwand müssen nicht alle Steine deutlich erkennbar sein. Da der Betrachter die Struktur der Wand erkennt, reicht es, nur einige Steine deutlicher hervorzuheben. Legen Sie zunächst einen Hintergrund mit einer dünnen Lasur in Natursiena an. Wenn die Farbe getrocknet ist, verwenden Sie einen Flachpinsel Nr. 6, um die Steine zu malen. Freie Flächen deuten den Mörtel an. Da Backsteine nie eine einheitliche Farbe haben, sollten Sie verschiedene Farbtöne abwechselnd verwenden. Ist das Bild trocken, müssen Sie mit verdünntem Paynesgrau über das Mauerwerk gehen, um es zu vereinheitlichen. Verleihen Sie ihm mehr Struktur, indem Sie eine Mischung aus Paynesgrau und Naturbraun darüber spritzen.

Verwenden Sie einen Flachpinsel und lassen Sie weiße Zwischenräume für den Mörtel.

111

TREPPEN SCHATTIEREN

Setzen Sie beim Malen von Treppen einen dünnen Farbstrich unter die Kante der Stufen, fahren Sie mit einem nassen Pinsel die Linie entlang und ziehen Sie die Farbe nach unten. So entstehen Schatten, die ungewollte Farbverläufe überdecken können. Sie können aber auch zuerst den vertikalen Streifen der Treppe mit klarem Wasser anfeuchten und die Farblinie auf das feuchte Papier auftragen. Auch so verläuft die Farbe nach unten. Sie sollten zwar die gesamte Vertikale anfeuchten, aber nicht so stark, dass die Farbe ganz hinunterläuft.

WARME TÖNE

112

Der kräftige, leuchtende Farbton Gebranntes Siena verleiht natürlichem Mauerwerk eine warme Ausstrahlung.

GERADE STEINE

113

Mit der Linealmethode vermeiden Sie schiefe Fenster: Halten Sie ein Lineal im gewünschten Winkel vor Ihr Blatt und führen Sie den Pinsel daran entlang; die Pinselzwinge sollte immer am Lineal anliegen.

Für die Struktur werden drei oder vier Farbtöne verwendet.

Kleine Spritzer aus Paynesgrau unterstützen die Struktur.

Die Aneinanderreihung einzelner Pinselstriche wirkt realistisch.

Ein dünner Farbstrich wird unter die Stufen gesetzt.

Mit einem nassen Pinsel wird die Kante verwischt.

Sie können auch eine breitere Linie unter die Kante setzen.

MENSCHEN

Mit der Porträtmalerei sollte man erst beginnen, wenn man die Aquarellmalerei gut beherrscht. Menschen in eine Landschaft einzufügen, ist hingegen nicht schwerer als einen Baum zu malen.

HAUTTÖNE

114

Wenn Sie Schwierigkeiten haben, realistische Hauttöne zu erzeugen, arbeiten Sie doch einmal auf glattem (heißgepresstem) anstelle von kaltgepresstem Papier. Durch seine glattere, härtere Oberfläche saugt es die Farben nicht so schnell auf. Dadurch lassen sich die Farben leichter bewegen und weiche Umrisse sind einfacher herzustellen. Nachteil: Die Farben laufen auf diesem Papier stärker aus und es bilden sich schneller Pfützen. So entstehen unerwartete Effekte.

MENSCHEN IN EINER LANDSCHAFT

Menschen malen Sie am besten mit zwei verschiedenen Farbaufträgen. Beginnen Sie mit einem helleren Farbton für die Haut. Setzen Sie die zweite Farbschicht darauf, deuten Sie mit ihr Haare und Kleidung an. Die Aufträge sollten in einfachen Pinselstrichen erfolgen.

Leichte Pinselschwünge deuten Menschen an.

Haare und Kleidung werden mit dunkleren Farben ergänzt.

Die Gestalten passen sich gut in die Umgebung ein.

115

ÜBERLAGERTE TÖNE

Bauen Sie die Farbe der Haut aus dünnen Schichten unterschiedlicher Farbtöne auf. Lassen Sie das Bild nach jeder Schicht gut trocknen, damit die Farbunterschiede sichtbar werden. Je weniger Sie die Farben verwischen, desto lebhafter wirkt Ihr Porträt.

La Vere Hutchings Bild „A Day at the Beach" (Ausschnitt) macht die Technik überlagerter Töne deutlich.

116

GLANZLICHTER AUF HAUT

Wenn Sie blasse Haut malen, sollten Sie weiße Papierstellen für die hellsten Stellen der Haut aussparen.

In Paul Bartletts Bild „Face Looking Through" wurden die Farben mit der Nass-in-Nass-Technik rasch aufgetragen.

117

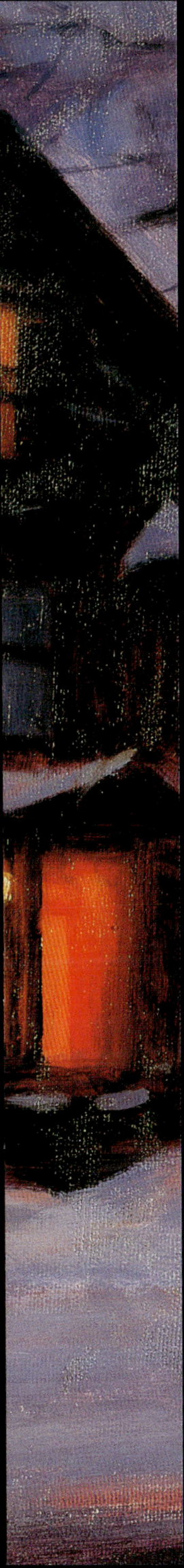

2

ÖLMALEREI

Das Malen mit Farben, die als Bindemittel Öl verwenden, ist seit dem Altertum bekannt, doch erst im 15. Jahrhundert wurde diese Technik verfeinert und in größerem Stil auf die Tafelmalerei übertragen.

Die Ölmalerei zählt auch für viele professionelle Künstler zur Kür. Einer der vielen Vorteile: Dank der langen Trocknungszeit lässt sich ein Bild mit frischer Farbe ganze zwei Tage lang verändern und korrigieren. Möchte man direkt am nächsten Tag weitermalen, lässt sich das Trocknen auch verkürzen. Firnis schützt ein Ölgemälde und macht es haltbar.

Doug Dawson, „Denver Snow“ (Detail).

EINFÜHRUNG ÖLMALEREI

IN DER Ölmalerei kennt man fast ebenso viele Techniken wie Künstler und der Umstand, dass es so wenig Regeln gibt, trägt eher zur Verwirrung bei. Sie erhalten hier praktische Tipps sowie Antworten auf häufige Fragen zu den Techniken der Ölmalerei. Viele Anfänger meinen, Ölfarben seien schwieriger zu handhaben als etwa Aquarell- oder Acrylfarben. Mit einigen Grundkenntnissen ist es jedoch einfacher als erwartet, ansprechende Ergebnisse zu erzielen. Sie finden hier auch Tipps zur Auswahl der Farben und Utensilien und ihrer Wiederverwendung sowie zu Alternativen zu den im Handel erhältlichen Materialien.

Es gibt nicht nur verschiedene Möglichkeiten, Ölfarben zu mischen und Farbeffekte zu erzielen, sondern auch zahlreiche Möglichkeiten des Bildaufbaus. Sie können mit einem weißen oder farbigen Malgrund beginnen, entweder eine Vorzeichnung anfertigen oder Ölfarbe direkt auftragen. Der Farbauftrag kann nass-in-nass oder nass-auf-trocken erfolgen – entweder in dünnen, transparenten oder in dicken, deckenden Schichten. Die Farbe lässt sich mit dem Pinsel oder einem Malmesser auftragen und sie kann abgeschabt, eingearbeitet oder fortgewischt werden. Sie können auch eine Pause einlegen und erst Wochen oder Monate später an Ihrem Bild weiterarbeiten.

Einer der großen Vorteile der Ölmalerei besteht darin, dass Sie in Bildbereichen, die Ihnen noch nicht zusagen, so lange Farbe entfernen, überarbeiten und übermalen können, bis Sie damit zufrieden sind. Darüber hinaus gibt es verschiedene Möglichkeiten, Farbe wieder zu entfernen – je nachdem, wie viel für die spätere Übermalung verbleiben soll. Durch sorgfältige Auswahl von Ausrüstung und Farbensortiment macht auch die Arbeit im Freien zumindest keine Transportprobleme. Und wie Sie mit anderen Schwierigkeiten bei der Arbeit im Freien fertig werden, etwa den wechselnden Bedingungen der Umgebung, der Zeitknappheit und dem Transport der noch feuchten Leinwand, erfahren Sie hier.

In der Ölmalerei können prägnante Effekte durch Zugabe von Malmitteln erzielt werden, die der Farbe zusätzliche Substanz und Textur verleihen, oder durch eine Kombination mit anderen Medien. Mit Ölfarben lassen sich überdies Monotypien anfertigen – mehr als eine Glasscheibe benötigen Sie hierzu nicht. Kurz, Ölfarben zählen zu den vielfältigsten und lohnendsten aller Malmedien.

MATERIAL

Wer sich einem neuen Medium zuwendet, wird durch die Vielfalt des verfügbaren Materials anfangs vielleicht verwirrt sein. Wissen Sie, wie Terpentinersatz wiederverwendet, Farbe gespart oder aus einer Glasscheibe eine eigene Palette hergestellt werden kann? Dieses Kapitel steht Ihnen mit praktischem Rat zur Seite.

FARBQUALITÄT

118

Die meisten Hersteller bieten ihre Ölfarben in zwei Qualitäten an: Die teureren Künstlerölfarben enthalten einen höheren Pigmentanteil, während die Studienölfarben mit Füllmitteln gestreckt sind. Aufgrund ihres Pigmentreichtums besitzen die Künstlerölfarben beim Mischen eine größere Farbintensität, so dass man letztlich weniger Farbe benötigt.

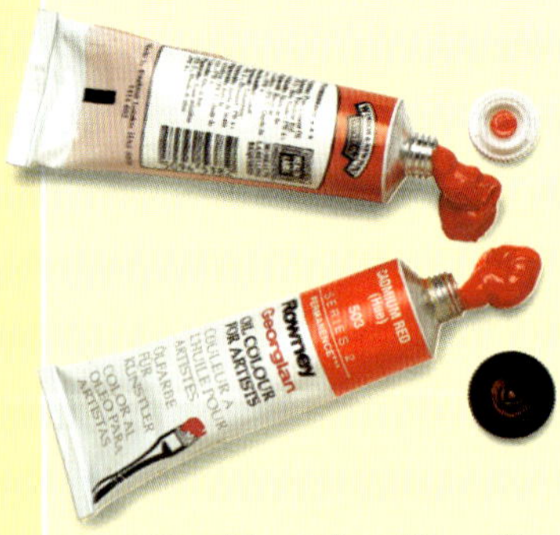

TUBEN UND NÄPFE

Falls Sie viel Farbe verbrauchen oder auf einer sehr großen Leinwand arbeiten wollen, dürfte es bequemer und auch preiswerter sein, anstelle der Standardtuben große 250- oder 300-ml-Tuben oder Näpfe zu kaufen. Es lohnt sich vor allem, eine größere Menge Weiß vorrätig zu haben.

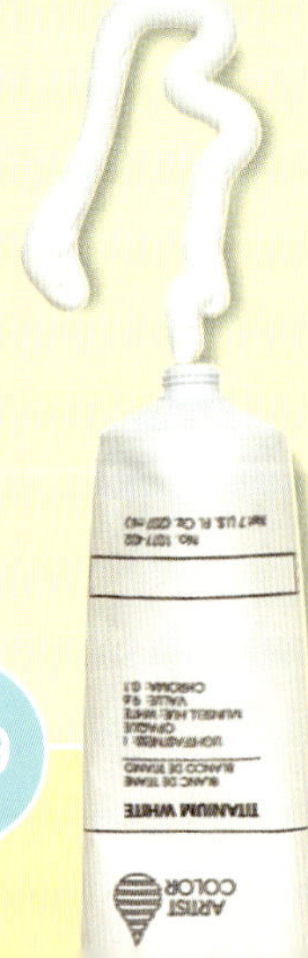

119

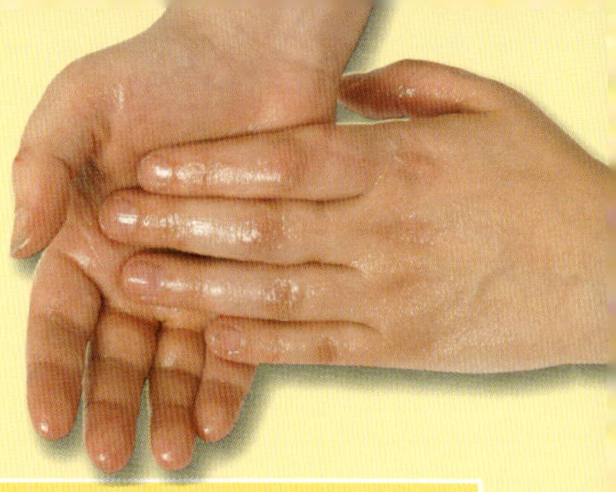

FARBTAFELN

Die jeweilige Transparenz und Lichtbeständigkeit der Farben geht aus den Farbtafeln der Hersteller hervor. Die Tafeln führen die jeweils verwendeten Pigmente und eine international verbindliche Colour-Index-Nummer auf und enthalten Angaben über die Transparenz und Lichtbeständigkeit sämtlicher Tubenfarben.

120

LICHTBESTÄNDIGKEIT

121

Pigmente unterscheiden sich in ihrer Lichtbeständigkeit. Herstellerangaben dazu befinden sich in den Farbtafeln und auf jeder Tube. Anzahl und Benennung der Kategorien variieren zwischen sehr gut und flüchtig. Farben mit sehr guter Lichtbeständigkeit bewahren ihre Intensität länger, während flüchtige Farben allmählich verblassen und daher gemieden werden sollten.

PIGMENTE UND GESUNDHEIT

Einige Farbpigmente sind giftig, wenn sie über einen längeren Zeitraum hinweg durch die Haut in den menschlichen Körper gelangen. Zum Schutz bieten sich Einweg-Handschuhe oder das Auftragen einer abweisenden Schutzcreme an; die Hände lassen sich anschließend mit Seife und heißem Wasser reinigen. Möglichst nicht essen, trinken oder rauchen, bis Sie sämtliche Farbreste von den Händen entfernt haben.

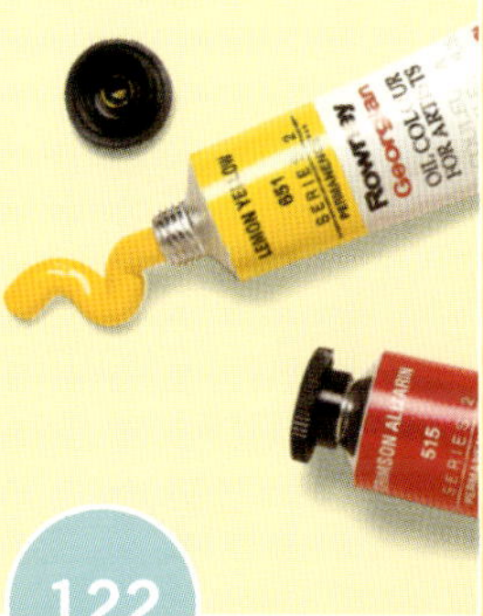

122

PALETTMESSER

123

Zum Auftragen, Entfernen und Mischen von Farbe ist ein gewinkeltes Messer viel leichter zu handhaben als ein gerades, da die Hand nicht mit der frischen Farbe auf der Leinwand oder der Palette in Kontakt gerät.

Gerades Palettmesser zum Abkratzen von Farbe.

Gewinkeltes Palettmesser zum Mischen von Farbe.

MALMITTEL MISCHEN

Malmittel dienen der Verbesserung des Farbflusses. Die Mengenangaben in den Rezepturen erfolgen meist als Mischungsverhältnisse. Nehmen Sie einfach ein Glas oder eine Flasche mit einem dicht schließenden Deckel und füllen Sie die Komponenten nacheinander in den angegebenen Mengen ein. Zeichnen Sie den Füllstand stets außen auf die Flasche. So erhalten sie ein geeichtes Messgefäß.

Zutaten in ein Glas mit dicht schließendem Deckel einfüllen.

124

ALTERNATIVE PALETTEN

Zu Künstlerpaletten aus Holz gibt es mehrere Alternativen, sowohl preiswertere als auch solche in größeren Abmessungen: eine Glasscheibe auf einem Blatt neutralweißem oder mittelgetöntem Papier (Glasränder mit Abdeckband abkleben, um Schnittverletzungen zu vermeiden) oder ein formica- oder melaminbeschichtetes Brett, das in Baumärkten oder als Schnittrest in Tischlereien erhältlich ist.

125

TERPENTINERSATZ SPAREN

126

Terpentinersatz, der zum Pinselreinigen verwendet wurde, hat noch nicht ausgedient. Die gebrauchte Flüssigkeit einfach in ein großes Marmeladenglas oder eine abgeschnittene Plastikflasche geben und warten, bis sich ein Bodensatz bildet. Die in ein sauberes Gefäß umgefüllte Flüssigkeit kann trotz der fortbestehenden Verfärbung später noch einmal verwendet werden.

MALGRUND

Ölfarben eignen sich für so unterschiedlichen Malgrund wie Maltuch, Reinleinen, Sperrholz und Pappe und auch für eher ungewöhnliche Oberflächen wie ein mit Musselin beklebtes Brett. Experimentieren Sie mit verschiedenen Arten von Malgrund, bis Sie das für Sie Passende gefunden haben.

HARTFASERPLATTEN

127

Falls Sie gern auf Holz malen, sollten Sie sich aus Kostengründen im Baumarkt gleich einige größere Platten zuschneiden lassen. Große Platten, die anschließend in unterschiedlichen Größen zugeschnitten werden, sind preisgünstiger als mehrere kleine.

HARTFASERPLATTEN VORBEREITEN

Vor dem Grundieren der Hartfaserplatte muss die Oberfläche mit Brennspiritus entfettet werden, damit sie die Farbe gut aufnimmt. Nach dem Trocknen zwei bis drei Schichten Acrylgrundierung auftragen. Um der Oberfläche Textur zu verleihen, kann der Deckschicht auch etwas Acryltexturpaste beigemischt werden. Sollten Sie eine Ölgrundierung verwenden wollen, muss das Brett zunächst geleimt werden.

128

INTERESSANTE TEXTUREN

Eine abwechslungsreiche Oberfläche lässt sich erzielen, indem man das Brett mit einem Stück Musselin beklebt. Hierzu das Brett mit dem Messer oder Schaber großzügig und ungleichmäßig mit PVA-Kleber beschichten. Nun ein Stück Musselin so zurechtschneiden, dass es allseits um 5 cm über das Brett hinausragt, auf dem Kleber festdrücken, Ränder umschlagen und hinten ankleben. Weiteren Kleber auftragen, jedoch einige Stellen frei lassen. Nach dem Trocknen das Brett grundieren. Nun lässt sich durch leichtes Reiben mit einem Lappen ein farbiger Grund auftragen. Dies erzeugt eine abwechslungsreiche Oberfläche, die mal eben ist, mal die Webstruktur durchscheinen lässt.

PVA-Kleber unterschiedlich dick auftragen und das Brett mit Musselin bekleben: So erhalten Sie eine abwechslungsreiche Oberfläche.

129

LEINWAND

130

Falls Sie gern auf Leinwand malen, jedoch mit unterschiedlichen Texturen experimentieren möchten, sollten Sie Ihre Leinwand selbst aufziehen und vorbereiten. Standardmaterialien sind Segeltuch in verschiedenen Gewichten und Reinleinen, das eine lebendige und interessante Oberfläche ergibt, jedoch teurer ist. Eine Besonderheit ist die aus Hanfgarnen bestehende Hanfleinwand. Außerdem gibt es noch Pack- und Sackleinwand, deren recht grobe Oberflächen sich ebenfalls für Experimente anbieten.

Rahmen zusammenfügen, Leinwand zuschneiden, Ränder umschlagen, mittig festtackern.

GRUNDIEREN

131

Für Ölfarben eignen sich Acryl- oder Ölgrundierung. Bei Acrylgrundierung die Leinwand nicht leimen. Falls Sie jedoch eine ölhaltige Grundierung benutzen wollen, sollten Sie die Leinwand mit stark verdünntem Hasenhaut-Leim vorgrundieren. Acrylgrundierung trocknet viel rascher als Ölgrundierung. Vorgrundieren hat den Vorteil, dass sich die Leinwand beim Trocknen zusammenzieht, wodurch ein gut gespannter Malgrund entsteht.

Acrylgrundierung

Ölhaltige Grundierung. Leinwand mit Leim vorgrundieren.

Leinwand von der Mitte aus zu den Ecken hin fixieren; die Seiten im Wechsel bearbeiten.

Vor dem Umlegen der Ecken untere Lagen feststecken.

ÖLFARBEN AUF PAPIER

Ölfarben können durchaus auch auf Papier aufgetragen werden, das zuvor jedoch mit Acrylgrundierung behandelt werden sollte, damit das eindringende Öl den Farbauftrag nicht erschwert und das Papier nicht mit der Zeit verdirbt. Bei kleineren Papier- oder Kartonformaten für Ölskizzen können Sie als Grundierung mit Wasser verdünnte Acrylfarbe aus der Tube verwenden. Sie trocknet derart rasch, dass Sie beinahe sofort mit dem Malen beginnen können.

Jane Strothers „One Welsh Hillside" (Ausschnitt) entstand auf Papier. Die Farben wurden dünn aufgetragen, die glatte, weiße Papieroberfläche verleiht ihnen starke Leuchtkraft.

132

SPANNKEILE

Um zu vermeiden, dass die aufgezogene Leinwand beim Eintreiben der Spannkeile beschädigt wird, steckt man in jede der vier Ecken ein Stück Karton zwischen Keilrahmen und Leinwand. Diese Maßnahme schützt die Leinwand vor unmittelbarem Kontakt mit dem Hammer. Risse in der Grundierschicht lassen sich auf diese Weise vermeiden. Die Keile erst im zweiten Durchgang weiter eintreiben, um eine gleichmäßige Zugbelastung der Leinwand zu erreichen.

133

RAHMENABDRÜCKE

Auf einer Leinwand können in Randnähe störende Linien auftreten; sie werden durch den Druck gegen den Spannrahmen verursacht. Dieses Phänomen tritt oftmals bei intensivem Reiben und Abschaben auf. Sie können dies vermeiden, indem Sie zwischen Spannrahmen und Leinwand dünne Streifen aus Schaumstoff oder Blasenfolie schieben, um den Zwischenraum schützend auszupolstern.

134

DELLEN ENTFERNEN

Mit einem feuchten, gut ausgewrungenen Lappen oder Schwamm auf der Rückseite der Leinwand mehrmals leicht über die Delle reiben. Da sich die Leinwand beim Trocknen spannt, werden die Dellen verschwinden.

135

WIEDERVERWENDEN

Leinwände oder Bretter nur wiederverwenden, wenn die aufgetragene Farbe noch nicht vollständig getrocknet ist und wieder abgeschabt werden kann. Ansonsten haftet die neue Farbe nicht richtig. Malgründe vor der Wiederverwendung gründlich abschaben, möglichst viel Farbe mit Terpentin abwaschen. Nach dem Trocknen mit einer ölhaltigen Grundierung behandeln.

136

LEINWAND AUFROLLEN

137

Leinwände nur im Notfall aufrollen, da die Gefahr von Rissbildung in der Leim- und Grundierschicht besteht. Falls die Leinwand aus Lagerungs- oder Transportgründen abgenommen und zusammengerollt werden muss, sollte sie mit der Malfläche nach außen um eine Rolle mit einem möglichst großen Durchmesser herumgewickelt werden. Damit ist gewährleistet, dass sich mögliche Risse beim Entrollen wieder schließen.

PINSEL UND PINSELSTRICHE

Um optimale Ergebnisse zu erhalten, müssen Sie wissen, welche Pinselformen welche Effekte erzielen. Dieses Kapitel informiert Sie über Auswahl und Pflege der Pinsel und enthält Tipps für das Herstellen glatter Oberflächen, weicher Übergänge und ungewöhnlicher Effekte mit Hilfe spezieller Techniken der Pinselführung.

PINSELFORMEN

138

Die Auswahl der Pinselform richtet sich nach der Art des angestrebten Farbauftrags. Lange Flachpinsel eignen sich vor allem für große Farbflächen, während kurze Flachpinsel den Pinselstrich besonders zur Geltung kommen lassen. Katzenzungen eignen sich für unregelmäßige Tupfer, Rundpinsel für Details.

Rundpinsel für kleine Flächen und Details.

Langstielige Flachpinsel und Katzenzungen mittlerer Größen für großflächigen Farbauftrag.

HARTE ODER WEICHE PINSEL?

Für einen großflächigen oder sehr dicken Farbauftrag sind Borstenpinsel am besten geeignet. Haarpinsel (vorzugsweise Rotmarder) eignen sich für glatte Oberflächen, feine Details und einen dünnen Farbauftrag (z. B. Lasuren).

139

PINSELHAARE

140

Rotmarderpinsel sind die hochwertigsten Haarpinsel. Es gibt jedoch auch preiswertere Alternativen in Form von Mischmaterialien oder reinen Kunsthaarpinseln. Deren Qualität genügt zwar insgesamt, doch es fehlt ihnen die Elastizität und Formbeständigkeit der Rotmarderpinsel. So können sie sich auf lange Sicht zuweilen doch als Fehlinvestition erweisen.

PINSEL REINIGEN

141

Zum Entfernen aller Farbreste den Pinsel zunächst gründlich in Terpentinersatz einweichen und anschließend mehrmals unter fließendem Wasser so über ein Stück Seife ziehen, dass die Borsten parallel zur Seifenoberfläche liegen. Mit der Seife durch die Borsten fahren, Farbreste auch am Zwingenansatz entfernen und Pinsel ausspülen. So lange wiederholen, bis keine Farbe mehr austritt.

NEUE PINSEL

142

Die Borsten neuer Pinsel sind steif, da sie in einen Schutzleim getaucht wurden. Beim Versuch, die steifen Borsten weichzustreichen, können sie abknicken und abbrechen. Stattdessen den Pinsel vor dem erstmaligen Gebrauch in Wasser einweichen lassen und mit warmem Wasser und Seife ausspülen, um sämtliche Leimreste zu entfernen.

SICHTBARER PINSELSTRICH

143

Für einen formstabilen Pinselstrich verwendet man einen einigermaßen steifen Borstenpinsel. Die Zugabe von etwas Leinöl wirkt ebenfalls stabilisierend. Wichtig ist überdies ein stabiler Malgrund – die Leinwand sollte straff gespannt sein und dem Pinseldruck nicht zu stark nachgeben.

PINSELFÜHRUNG

Experimentieren Sie mit verschiedenen Arten der Pinselführung, um eine abwechslungsreiche Oberfläche zu schaffen. Das Tupfen mit der Pinselspitze erzeugt einen sehr prägnanten Effekt. Einen gebrochenen Farbauftrag erzielen Sie, indem Sie den Pinsel waagerecht über den Malgrund ziehen. Ein dünner Farbauftrag mittels Wischbewegung führt zu einem lasurartigen Effekt.

In Peter Grahams „Anne Amongst Flowers" (Ausschnitt) wurden die Farben in unterschiedlicher Weise aufgetragen. Energische senkrechte Pinselstriche (Figur, Möbel) kontrastieren mit langen, fließenden Strichen (Haare) und knappen Akzenten (Blumen) und erzeugen ein lebendiges Bild.

144

Leicht verdünnte Farbe, mit einem Borstenpinsel aufgetragen, bewahrt den Pinselstrich.

GLATTE OBERFLÄCHEN

Für glatte Oberflächen ohne sichtbaren Pinselstrich muss die Farbe mit fertigem oder aus 1 Teil Standöl, 1 Teil Dammarfirnis und 5 Teilen Terpentinöl selbst hergestelltem Malmittel gemischt und mit einem Haarpinsel (Rotmarder) aufgetragen werden.

Für eine glatte Oberfläche die Farbe mit langen Strichen per Haarpinsel auftragen.

145

146

WEICHER ÜBERGANG

Um einen völlig weichen, kaum wahrnehmbaren Übergang zwischen zwei Farbtönen oder Tonwerten zu erzielen, tragen Sie zunächst die dunklere und daneben die hellere Farbe mit einem sauberen Pinsel auf. Nun die Ränder der beiden Farbflächen mit kurzen Pinselstrichen zunächst mit Hilfe eines Borsten- und dann eines Fächerpinsels ineinander blenden.

Der Pinsel verbindet die beiden aufgetragenen Farben.

Die Ränder werden so lange verwischt, bis ein weicher Übergang entsteht.

147

UNREGELMÄSSIGER ÜBERGANG

Zwei Farbtöne oder Tonwerte nebeneinander auftragen und mit kurzen, zickzackförmigen Pinselstrichen zusammenfügen, um einen durchbrochenen Rand zu erhalten.

Zwei Farbflächen nebeneinander auftragen.

Falls Ihr Motiv aus vielen Elementen oder störenden Details besteht, sollten Sie zu sehr breiten Pinseln und anderen Hilfsmitteln greifen, um die Farbe in großen, reduzierten Blöcken auftragen zu können. Hierfür empfehlen sich Anstreich- und Plakatpinsel sowie Spachtelmesser. Verwenden Sie anfangs möglichst stark verdünnte Farbe, da dies den raschen Farbauftrag sehr erleichtert.

In Charles Soveks „Canyon Road Café" werden die einzelnen Motivelemente durch sehr lockere, breite Pinselstriche angedeutet.

148

Die Farben mit kurzen, zickzackförmigen Pinselstrichen ineinander ziehen.

Am Ende entsteht ein allmählicher, doch unterbrochener Farbübergang.

ÖLFARBEN

Um frische, lebendige Farben zu erzielen, sollte man lieber mit einer geringen Zahl einzelner Tuben als mit einem kompletten Malset beginnen. So lernen Sie, die gesehenen Farben zu identifizieren und präzise zu mischen. In diesem Kapitel erfahren Sie, welche Farben Sie benötigen und wie man Farben mischt und abstimmt.

FARBEN AUSWÄHLEN

149

Kaufen Sie Farben anfangs nur in einzelnen Tuben. Ein breites Farbspektrum lässt sich mit „warmen“ und „kalten“ Ausführungen der drei Primärfarben Kadmiumgelb und Zitronengelb, Kadmiumrot und Alizarinkarmesin, Ultramarinblau und Coelinblau –, einem Grün (z. B. Chromoxidgrün) und ein bis zwei Erdfarben wie Lichter Ocker oder Siena natur plus Siena gebrannt und Titanweiß mischen.

FARBEN SORTIEREN

150

Die Farben können in verschiedener Weise ausgelegt werden – von hell nach dunkel, von warm nach kalt oder dem Farbspektrum folgend. Die Art der Anordnung ist weniger wichtig als das Einhalten einer einmal gewählten Reihenfolge, um die Suche nach einer bestimmten Farbe zu erleichtern. Das ist besonders wichtig, wenn Sie im Freien arbeiten und die Zeit drängt. Auch ist die Gefahr geringer, dass der Pinsel versehentlich in die falsche Farbe getaucht wird.

LEBENDIGERE FARBEN

Wenn Farben auf der Leinwand trüb wirken, haben Sie vielleicht zu viele Farben miteinander gemischt. Frische, lebendige Farbmischungen bestehen aus möglichst wenigen, vorzugsweise zwei oder drei Farben. Wichtig: Pinsel nach jeder Anwendung in einem für jede Farbe separaten Glas mit Terpentinersatz reinigen.

Trüb

Kadmiumrot
Kobaltblau
Paynesgrau
Lichter Ocker

Chromgelb
Lichter Ocker
Coelinblau
Kobaltblau

Kadmiumrot
Alizarinkarmesin
Chromorange
Kobaltblau

Leuchtend

Kadmiumrot
Kobaltblau

Chromgelb
Coelinblau

Kadmiumrot
Chromorange

151

FARBEN MISCHEN

Mischen Sie die Farben mit einem Palettmesser auf der Palette oder verwenden Sie alte Pinsel. Größere Mengen lassen sich mit dem Messer schneller mischen. Arbeiten Sie eine kleine Menge der dunkleren in die hellere Farbe ein, bis der gewünschte Farbton erreicht ist. Mischen Sie eine großzügige Menge Farbe, damit Sie den Farbton später nicht nachmischen müssen.

152

GEBROCHENER FARBAUFTRAG

153

Lebendige Farbeffekte erzielen gebrochene Farbschichten, bei denen die tiefer liegende Farbe stellenweise durchscheint und die beiden Farben sich im Auge des Betrachters zu einer dritten Farbe vereinen (z. B. Pointillismus). So verwendete Komplementärfarben erzeugen einen schimmernden Lichteffekt.

In „Before the Storm“ von Nelda Pieper entstand das Himmelslicht durch bläuliche Farben für Himmel und Wolken auf einem Untergrund aus gebranntem Siena.

DUNKEL OHNE SCHWARZ

154

Kein Schwarz verwenden, sondern dunkle Farben aus Ultramarinblau und gebranntem Siena oder Alizarin und Chromoxid mischen. Ultramarinblau und dunkles Kadmiumrot liefern eine nahezu schwarze Farbe, die jedoch subtile Warm-Kalt-Abstufungen ermöglicht.

FARBKOMBINATIONEN

155

Um subtilere Farbkombinationen zu erzielen, als es durch Mischen der Farben auf der Palette möglich ist, können mehrere transparente Schichten übereinander gelegt oder eine gebrochene Farbschicht aufgetragen werden. Dies führt zu den gleichen Farben – sie wirken jedoch zarter und leuchtender.

In „Anna's Daughters“ (Ausschnitt) von Nelda Pieper kam eine zweite, vergleichsweise dicke Farbschicht zum Einsatz („vertreiben“).

ABDUNKELN

Schwarz, das zum Abdunkeln beigefügt wird, lässt Farben oft schmutzig und verwaschen wirken. Es empfiehlt sich stattdessen, eine dunklere Ausführung der gleichen oder einer ähnlichen Farbe oder etwas von der Komplementärfarbe beizugeben, um einen dunkleren, jedoch leicht vergrauten Farbton zu erhalten. Komplementärfarben sind Rot und Grün, Blau und Orange, Violett und Gelb.

Rot + Grün | *Gelb + Violett*

Rot + Dunkelrot | *Gelb + Lichter Ocker*

Rot + Schwarz | *Gelb + Schwarz*

156

ZUSAMMENHALT

Um die in einem Gemälde verwendeten Farben zu harmonisieren, kann vor dem Malbeginn ein getönter Grund angelegt werden. Durch das Lasieren und „Vertreiben“ scheint die Farbe des Malgrunds stellenweise durch und schafft somit Zusammenhalt.

157

FARBAUFTRAG

Eine weiße Leinwand kann hemmend wirken. Die Einfärbung der Maloberfläche indes liefert eine gute Arbeitsgrundlage. Entwickeln Sie Selbstsicherheit, indem Sie mithilfe der Ratschläge, die Sie in diesem Kapitel finden, mit leuchtenden Lasuren, gezackten Rändern und Glanzlichtern experimentieren.

RISSE VERMEIDEN

158

Risse entstehen, wenn die oberste Farbschicht rascher trocknet als die darunter liegenden Schichten. Die Befolgung des Prinzips „vom Mageren zum Fetten" hilft, dies zu vermeiden. Die jeweils folgende Farbschicht sollte demnach einen höheren Ölanteil enthalten als die zuletzt aufgetragene Schicht. Risse lassen sich ebenfalls vermeiden, indem man jede Farbschicht vor der weiteren Bearbeitung trocknen lässt und bei den ersten Arbeitsphasen auf langsamer trocknende Farben wie Alizarinkarmesin verzichtet.

Die Blüten werden mit stark terpentinverdünnten Farben skizziert.

Die nächste Schicht besteht aus dickerer, mit Leinöl versetzter Farbe.

Weitere Farbschichten verleihen dem Motiv Textur und Prägnanz.

MALGRUND EINFÄRBEN

Wählen oder mischen Sie eine Farbe, die dunkler ist als das angestrebte Ergebnis und verdünnen Sie sie mit Terpentin, bis sie recht wässrig ist. Nun die Farbe mit einem breiten Pinsel über die gesamte Oberfläche verteilen und durch Reiben mit einem Lappen wieder abheben, bis der gewünschte Tonwert und Grad an Transparenz erreicht ist. Alternativ kann die Farbe mit einem Lappen aufgetragen werden.

Terpentinverdünnte Farbe mit lockeren Pinselstrichen auftragen.

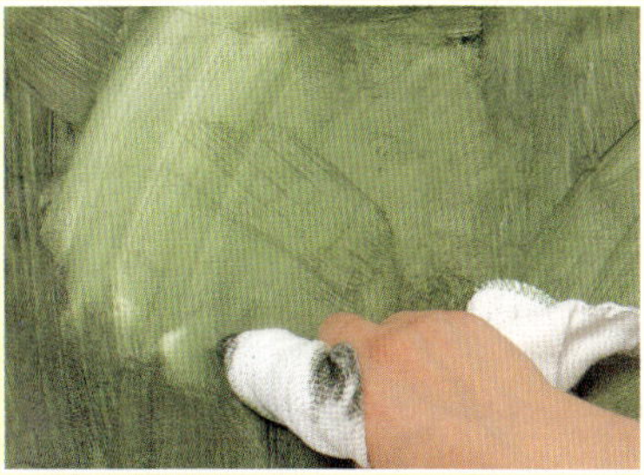

Mit einem Lappen so viel Farbe abheben, dass ein sehr heller, transparenter Farbgrund entsteht.

159

LEICHTER BEGINN

160

Beginnen Sie doch einmal mit einem farbigen Grund, den Sie über der Grundierung anlegen. Transparente Farben wie Lichter Ocker, Siena natur, Siena gebrannt oder ein neutrales Grau sind eine gute Wahl.

Eine geeignete Malfläche erhalten Sie, indem Sie mit einem Lappen helle Bereiche herauswischen oder dunkle Zonen einfügen.

161

Vorzeichnen mit Kohle.

Einfügen der Grundformen.

Details anbringen.

Die Grundskizze einer Komposition kann mit Bleistift, Zeichenkohle oder Pinsel angelegt werden. Falls Sie einen Kohlestift verwenden, müssen Sie die Kohlenreste vorsichtig entfernen oder die Zeichnung mit einem Fixiermittel einsprühen, damit die Kohle nicht vom Pinsel aufgenommen wird und in den ersten Farbauftrag gelangt.

UNTERMALEN

Eine monochrome Untermalung bietet eine gute Orientierung, falls es Ihnen Probleme bereitet, geeignete Tonwerte zu finden. Malen Sie Ihr Motiv mit dünner Farbe oder in einem aus zwei Farben gemischten Grau. Die helleren Tonwerte erzielen Sie durch Verdünnen der Farbe oder durch Beifügen von etwas Weiß. Vor dem Farbauftrag die Untermalung trocknen lassen.

162

163

NASS-IN-NASS-TECHNIK

Diese Technik erfordert eine beschränkte Farbpalette und viele Pinsel, damit die Farben lebendig und rein bleiben. Hierzu den satt mit Farbe getränkten Pinsel mit raschem Strich möglichst flach über die Oberfläche ziehen.

In „Pecking Order" von Denise Burns wurden einzelne, kräftige Pinselstriche in die feuchte Farbe eingearbeitet; es entstand ein Bild mit ebenso sauberen wie lebendigen Farben.

164

LASIEREN

Um bei Wasser oder Glasflächen eine glatte, transparente Farbschicht oder interessante Abdunkelungen zu erzielen, wird die Farbe mit einem selbst angesetzten oder fertigen Lasurmittel gemischt (nicht mit Terpentin, da dies die vorhandene Farbschicht entfernen würde) und mit einem weichen Pinsel aufgetragen.

In „March Peaches and Hare" von Deborah Deichler verleihen die dünnen Farbschichten den Schattenpartien Tiefe.

AUFHELLEN DURCH LASUR

165

Der für eine Lasur am besten geeignete Farbgrund besteht aus hellen oder neutralen Farben, da sie das Licht am stärksten reflektieren. Mit jeder weiteren Schicht dunkeln die Farben ohnehin ab.

Der Tonwertreichtum des Gesichts entsteht durch Auftragen dünner Farbschichten.

LASIERMITTEL

Die Lasiermittel einiger Hersteller erhöhen die Fließfähigkeit und Transparenz der Farben, manche jedoch lassen die Farben auch stark glänzen. Am besten probieren Sie daher verschiedene Produkte aus. Einige der Mittel verkürzen die Trocknungszeit so, dass bereits am darauf folgenden Tag weitergemalt werden kann.

166

RASCHERE TROCKNUNG

Die Trocknungszeit der einzelnen Farbschichten können Sie etwas verkürzen, indem Sie eine geringe Menge eines geeigneten Malmittels beigeben oder das Leinöl mit ein wenig Dammarfirnis versetzen und in die Farbe mischen. Eine stärkere Verkürzung der Trocknungszeit empfiehlt sich nicht, da sich sonst Risse oder eine unansehnliche Haut bilden könnten.

167

GLANZLICHTER

Da selbst die hellsten Glanzlichter einen Hauch Farbe enthalten, sollte niemals reines Weiß verwendet, sondern immer ein wenig kalte oder warme Farbe oder bei Bedarf auch eine prägnantere Farbe hinzugemischt werden. Die Glanzlichter erst ganz zum Schluss auftragen.

168

Selbst die hellsten Partien enthalten einen Anflug von einer warmen oder kalten Farbe, wie Martha Saudeks „Sierra November" zeigt.

SCHARFE RÄNDER

169

Es gibt zwei Möglichkeiten, scharfe Ränder zu erzielen. Entweder man arbeitet nass-auf-trocken oder nass-in-nass, indem man mit einem in Randrichtung verlaufenden Pinselstrich eine Farbe anlegt, daneben die zweite Farbe aufträgt und beide Flächen mit dem Pinsel nahtlos aneinander fügt.

Die zweite Farbe so auftragen, dass sie nahtlos an die erste Fläche anschließt.

GEZACKTE RÄNDER

Für unregelmäßig verlaufende Ränder etwa von Wolken, Schatten oder Horizont arbeitet man nass-in-nass und vermischt die beiden Tonwerte oder Farben etwas, indem man auf der Leinwand eine Farbe stellenweise in die andere zieht oder die Farben am Rand entlang ineinander zieht.

Farbflächen nebeneinander anlegen.

Farben am Rand entlang ineinander ziehen.

Harte, weiche und durchbrochene Übergänge schaffen Tiefe.

170

FÜR FORTGESCHRITTENE

Nach und nach möchten Sie vielleicht einige interessante Ideen und fortgeschrittenere Methoden ausprobieren, die in diesem Kapitel vorgestellt werden. Spachteltechnik, Zeichnen mit Farbe, Impasto und Pointillismus sind nur einige Möglichkeiten, einem Gemälde Charakter zu verleihen.

MIT FARBE ZEICHNEN

171

Details wie Grashalme in einer Landschaft, Haare oder Fellstrukturen kann man einzeichnen. Hierzu die Farbe mit einem Lasurmittel verdünnen (nicht mit Terpentin) und mit einem sehr feinen, weichen Pinsel (etwa einem Rotmarder-Aquarellpinsel) mit markanten, separaten Strichen auftragen; den Pinsel jedes Mal frisch benetzen. Diese Technik eignet sich auch für das Einfügen größerer Details und für eine freiere Pinselführung.

Die Wasserkräuselungen werden mit dünner Farbe und einem feinen Pinsel eingezeichnet.

172

SPACHTELTECHNIK

Für eine stark reflektierende Farbfläche und leuchtende, deckende Farben kann der Farbauftrag mit einem Palettmesser erfolgen. Für eine möglichst glatte Oberfläche reichlich Farbe auftragen und das Messer am Ende jedes Strichs sauber abheben. Überarbeiten Sie nicht fertige Striche. Dies beeinträchtigt die Oberfläche und den Effekt.

In „Early Morning in Cadgewith" (Ausschnitt) wählte Jeremy Sanders für den Farbauftrag über farbigem Grund ein Palettmesser und eine halbierte Kreditkarte, mit deren Flächen und Rändern er eine Vielzahl von unterschiedlichen Akzenten und Textureffekten erzeugte.

TROCKENPINSELTECHNIK

Hierzu wird Farbe so auf eine bereits vorhandene Schicht aufgetragen, dass die untere Farbe durchscheinen kann. Für einen gebrochenen Farbauftrag verwendet man einen recht trockenen Pinsel und dicke Farbe. Den Pinsel waagerecht zur Maloberfläche halten und die Farbe mit flinker, lockerer Hand auftragen. Fertiges nicht überarbeiten. Am besten funktioniert dies auf einer Texturfläche, da nur die erhabenen Stellen Farbe vom Pinsel aufnehmen.

173

IMPASTO

174

Für einen dicken Farbauftrag empfiehlt es sich, die Farbe schichtweise aufzubauen und jede einzelne Schicht trocknen zu lassen, um Risse zu vermeiden. Die Farbe mit dem Pinsel oder dem Messer in kurzen Strichen auftragen.

In „Bedroom Study" von Arthur Maderson wurde das Bild mit dicker, kräftiger Farbe so aufgebaut, dass diese fast dreidimensional wirkt.

SGRAFFITO-TECHNIK

Anstatt winzige Details (wie etwa Regentropfen auf einer Fensterscheibe oder Klöppelspitzen) aufzumalen, kann man die Sgraffito-Technik anwenden. Dabei kratzt man mit dem Messer oder Pinselstiel so in die noch feuchte Farbe, dass die untere Farbschicht zum Vorschein kommt. Bereits getrocknete Farbe erfordert einen höheren Kraftaufwand.

Mit dieser Technik lassen sich feinste Details einfügen.

Die Blattadern werden in die Farbe eingezeichnet.

175

POINTILLISMUS

176

Falls Sie diese Technik bereits ausprobiert haben und die Farben sich in der Betrachtung nicht „mischen", könnte dies daran liegen, dass die Tonwerte zu weit auseinander liegen. Am besten eignen sich nämlich Farben mit gleichem Tonwert (Helligkeit), die kaum verdünnt mit kurzen Pinselstrichen nebeneinander aufgetragen werden.

TUPFTECHNIK

177

Texturen lassen sich andeuten, indem man zerknülltes oder strukturiertes Papier auf die Maloberfläche drückt und wieder abhebt, so dass in der Farbe ein Abdruck zurückbleibt (Frottage).

STARKE KONTRASTE

178

Bei Motiven mit einem starken Hell-Dunkel-Kontrast trägt man auf die grundierte Leinwand eine dunkle Farbschicht auf und übermalt diese mit hellen oder kräftigen, deckenden Farben.

FIRNISSEN

179

Um beim Firnissen eine glatte, aber reflexionsfreie Oberfläche zu erzielen, legen Sie Ihr Gemälde flach auf eine stabile, ebene Unterlage und tragen den Firnis mit senkrecht zum Bild verlaufenden Pinselstrichen auf. Verwenden Sie einen speziellen Pinsel, der reichlich Firnis aufnimmt: Jeder Pinselstrich sollte in einem Schwung vom oberen bis zum unteren Rand verlaufen.

Küchenpapier auf die Farbe pressen.

Die Textur wird auf die Farbe übertragen.

BESTEHENDES ÜBERARBEITEN

180

In der Ölmalerei ist es möglich, erst nach Wochen oder gar Monaten an einem begonnenen Gemälde weiterzuarbeiten. Frische Farben wirken jedoch viel heller als trockene. Um die Farben abzustimmen, können Sie die trockenen Stellen mit einer dünnen Schicht Retuschierfirnis bestreichen und „heben". Trockener Firnis kann übermalt werden.

Frische Farbe wirkt auf einem durchgetrockneten Gemälde viel heller als ältere Farbe.

KORREKTUREN

Es gibt zahlreiche Möglichkeiten, auch dann nachträgliche Korrekturen vorzunehmen, wenn Sie meinen, es sei bereits zu spät. Beispielsweise lassen sich trübe, nichts sagende Partien durch Lasieren beleben oder zu kräftige Farben mit den Fingern abschwächen. Hier finden Sie hilfreiche Tipps.

AUFHELLEN

181

Um eine Farbe aufzuhellen, ist es nicht erforderlich, Weiß einzumischen oder einen helleren Farbton überzumalen. Solange die Farbe noch nicht getrocknet ist, können Sie etwas Farbe durch Reiben oder Kratzen entfernen, damit der weiße Untergrund mehr Licht reflektiert. Oder Sie dunkeln die Nachbarfarben ab, sofern dies nicht die Ausgewogenheit sämtlicher Tonwerte beeinträchtigt: So wirkt die zentrale Farbe heller.

Aufhellung durch reibendes Abheben.

ABDUNKELN

Kadmiumrot und Phthalozyaningrün

Dioxazinpurpur und Zitronengelb

Um bereits aufgetragene Farbe abzudunkeln, diese trocknen lassen und mit der Komplementärfarbe überlasieren.

182

ÄNDERUNGEN VORNEHMEN

183

Beim Nass-in-Nass-Arbeiten kann eine Ansammlung von Farbe entstehen, die sich schwer bearbeiten und verändern lässt. Nass-in-nass vorgenommene Änderungen und Korrekturen führen oft zu unvorhersehbaren Farbmischungen. Überschüssige Farbe daher besser abschaben oder abtupfen.

Möglichst viel Farbe abschaben, bevor Sie Korrekturen vornehmen.

FARBE ABSAUGEN

Zu schwerer Hintergrund.

Um eine überladene Bildpartie abzudämpfen, ohne sämtliche Farbe zu entfernen, hebt man die Farbe mit mehreren Lagen eines glatten, saugfähigen Papiers (Zeitung) ab, bis eine Grundfarbschicht übrig bleibt und die Textur des Malgrundes sichtbar wird.

Farbe mit Zeitungspapier abheben.

184

TRÜBES BELEBEN

185

Falls Sie in Ihrem Gemälde trübe nichts sagende Partien finden, können Sie diese mit einer anderen Farbe (etwa der Komplementärfarbe) übermalen. Die Korrektur benachbarter Farben oder das Einfügen heller Farbtupfer schafft ebenfalls Abhilfe.

Hellgelb, das im Vordergrund verteilt und in die Bäume getupft wurde, hellt diese Partien auf und erzeugt einen Lichteffekt.

VERSUNKENE FARBE

187

Einzelne Farbpartien scheinen bisweilen buchstäblich zu versinken. Dem können Sie begegnen, indem Sie mit einem weichen Tuch etwas Leinöl auftragen und 24 Stunden einwirken lassen oder mit einem weichen Pinsel eine dünne Schicht Retuschierfirnis aufbringen, der nach spätestens 15 Minuten getrocknet ist.

ABDÄMPFEN

186

Zu kräftige Partien kann man zurücknehmen, indem man die Ränder in die benachbarten Farben übergehen lässt. Abtupfen, Übermalen oder Lasieren mit einer anderen Farbe haben den gleichen Effekt.

Das Gelb wird abgeschwächt, indem man es mit dem Finger in die Nachbarfarbe wischt.

BESONDERE EFFEKTE

Aufregende und überraschende Resultate erzielt man, wenn man die getrocknete Ölfarbe mit anderen Medien, z. B. Pastellstiften, übermalt oder mit Stoff- oder Papiercollagen experimentiert. Die ebenfalls in diesem Kapitel vorgestellte Monotypie ist ein weiteres interessantes Verfahren, das Ihre Maltechniken bereichern kann.

KORNSTRUKTUR

188

Wegen der Gefahr von Rissbildung ist es nicht empfehlenswert, die Farben zu dick aufzutragen. Für einen markanten Impasto-Effekt indes muss die Farbe angedickt werden, damit sie sich mit einem Palettmesser auftragen und skulptieren lässt. Durch Zugabe von Sand entsteht ein Korneffekt, Sägemehl liefert eine noch gröbere Struktur.

Sägemehl erzeugt einen sehr groben Struktureffekt.

Sand macht die Farbe dick und strukturiert körnig.

COLLAGE

189

Um ein Ölgemälde mit einer Collage aus Stoffen, Papier oder Objekten zu versehen, empfiehlt es sich, diese noch vor dem Farbauftrag direkt auf die Unterlage zu kleben. Den Malgrund vorher mit Acrylgrundierung behandeln. Die mit PVA-Kleber befestigte Collage kann später mit Ölfarben übermalt werden. Wegen des Gewichts mancher Collagen lieber ein Brett als Unterlage verwenden statt einer Leinwand.

190

PRÄGETECHNIK

Falls es Ihnen nicht gelingt, mit Messer oder Pinsel in einer dicken Farbfläche die gewünschte Textur zu erzielen, versuchen Sie doch einmal, diese mit einer Gabel, einem geschlitzten Löffel oder einer Filmspule herzustellen. Experimentieren Sie mit diesen Techniken, bevor Sie sie in einem Gemälde anwenden.

Dicke Farbschicht mit Mustern: Für die runden Abdrücke wurde eine Filmspule verwendet, für die groben Partien ein zerknüllter Lappen, für die tortenförmigen wurde die Schmalseite eines Lineals aufgesetzt und gedreht.

MISCHTECHNIKEN

Textureffekte lassen sich erzielen, indem man die getrocknete Ölfarbe mit Ölpastell oder Pastellkreide übermalt, um kleine Details hinzuzufügen oder zu akzentuieren oder um die Trennung zweier Bildpartien zu betonen.

191

Mit Ölfarben liefert diese Technik ebenso aufregende wie unvorhersehbare Resultate. Benötigt werden eine Glasscheibe und verdünnte Farbe. Entweder wird das Bild direkt auf das Glas gemalt oder man trägt die Farbe gleichmäßig auf das Glas auf und lässt das Bild entstehen, indem man Farbe mit einem Lappen entfernt oder mit verschiedenen Instrumenten in die Farbe zeichnet. Anschließend ein Blatt Zeichenpapier auflegen, leicht andrücken und wieder abziehen. Der Druck lässt sich mit Ölfarbe oder Ölpastell weiter bearbeiten.

Glasscheibe mit Ölfarben bemalen.

Texturen in die frische Farbe einzeichnen.

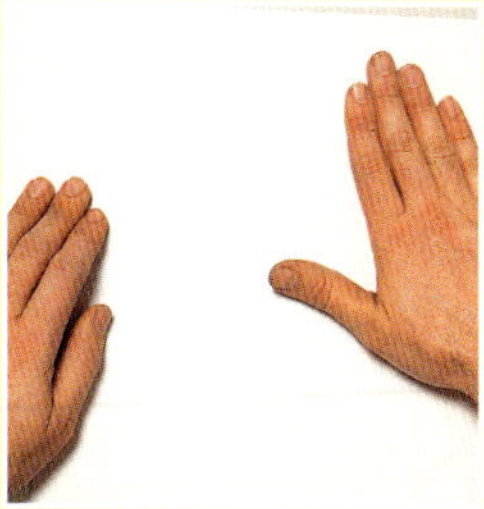

Papier auflegen und andrücken.

Papier abziehen.

Die Druckvorlage lässt einen delikaten, fast grafischen Abdruck entstehen. Von jedem Glasgemälde ist nur ein Abdruck möglich.

192

MALEN IM FREIEN

Es fällt nicht leicht, sich zu entscheiden, was man zum Malen an einem unbekannten Ort einpacken sollte. Am besten ist es, die Ausrüstung auf ein Minimum zu beschränken und dafür zu sorgen, dass sie möglichst leicht transportiert werden kann.

MALKÄSTEN

193 Für die Arbeit im Freien empfiehlt sich ein Palettenmalkasten, der im Deckel bis zu vier Malpappen aufnehmen kann. Palettenmalkästen werden in unterschiedlichen Größen angeboten. Einen kleineren Kasten kann man in einer Hand halten, so dass man die zweite Hand zum Malen frei hat; man kann ihn auch auf einer Mauer oder auf den Knien abstellen, wenn man im Sitzen malt.

BEGRENZTE FARBPALETTE

Wenn es auf rasches Arbeiten ankommt oder ungünstige Bedingungen herrschen, ist es hilfreich, die Anzahl der Farben einzuschränken. Benötigt wird je eine Primärfarbe: ein Gelb, ein Rot oder Rotorange und ein Blau, plus Weiß. Zitronengelb, Siena (gebrannt) und Kobaltblau liefern diverse frische Farben. Lichter Ocker, Kadmiumrot und Coelinblau ergeben leuchtende oder gut abgestufte Farben.

Selbst mit einer stark eingeschränkten Farbpalette lassen sich bereits viele brauchbare Farben mischen, so auch diverse interessante Grau- und Brauntöne, die durch eine Mischung aus Komplementärfarben abgedunkelt und durch Zugabe von Weiß heller werden und besser decken.

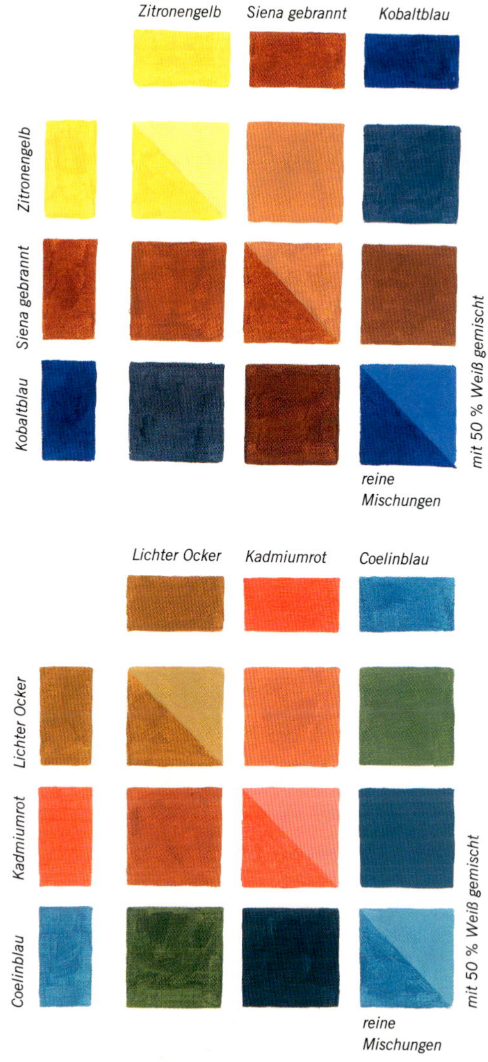

195

STABILE STAFFELEI

Bereits eine sanfte Brise genügt, um eine großformatige Leinwand oder gar ein Brett mitsamt der Staffelei umzuwerfen. Um dies zu vermeiden, sollte man in der Mitte des Dreibeins eine Plastiktüte oder einen Schnürbeutel befestigen, der mit Steinen oder ähnlich Schwerem gefüllt ist.

196

ZWEI PALETTEN

Wenn Sie beim Malen im Freien viel Platz zum Mischen der Farben benötigen, sind zwei kleine Paletten handlicher als eine große. Eine kleinere Palette lässt sich bei schlechtem Wetter überdies leichter halten und später besser verstauen.

197

IN ZEITNOT

Sollte für die Fertigstellung eines Gemäldes nur wenig Zeit verfügbar sein, wird das Motiv am besten in einfache Grundformen aufgeschlüsselt und mit stark verdünnter Farbe skizziert. In dieser Phase nicht mehr als zwei Farben mischen und kein Weiß verwenden. Die Tonwerte über den Verdünnungsgrad steuern und zu dunkel geratene Bereiche sofort abschwächen. Dies ergibt eine klare Basis für die spätere Ausarbeitung.

Das Motiv wird auf einige einfache Grundformen reduziert.

Der Bildaufbau erfolgt in Form schlichter Flächen aus stark verdünnter Farbe.

Für die hellsten Tonwerte wird besonders dünne Farbe verwendet.

Beim Aufmalen des Hintergrundes werden Lichter und Schatten angedeutet.

Das Gemälde wurde schlicht und übersichtlich gehalten und bildet somit eine gute Grundlage für das Aufbringen dickerer Farbschichten und abwechslungsr eicher Tonwerte und Farbtöne.

FLÜCHTIGE SUJETS

198

Manche Sujets wie z. B. Marktszenen sind nicht sehr dauerhaft. Um die Unmittelbarkeit der Arbeit nach der Natur festzuhalten, fertigt man vor Ort auf aufgespanntem Aquarellpapier eine Bleistiftskizze an, die sämtliche gewünschten Informationen enthält. Zusätzliche Farbnotizen sind ebenfalls sinnvoll. Zu Hause das Papier mit Schellack versiegeln (die Skizze bleibt weiterhin sichtbar). Nach dem Trocknen das Bild zügig in einer Sitzung ausarbeiten.

Papieroberfläche und Zeichnung mit einem Lackierpinsel und Schellack versiegeln.

TROCKNUNGSBESCHLEUNIGER

199

Gel-Malmittel auf Alkydbasis verkürzen die Trocknungszeit der Farbe. Das auch in Tuben erhältliche Malmittel kann direkt auf die Palette gegeben werden. Beim Mischen der Farben für die Grundkomposition sollte etwas Malmittel zugegeben werden, damit spätere Schichten auftragen werden können, ohne dass aus der ersten Schicht Farbe aufgenommen wird.

FEUCHTE LEINWAND TRANSPORTIEREN

Für den Transport eines feuchten Malgrundes benötigen Sie ein zweites Maltuch oder Brett etwa gleicher Größe, vier etwa 6 mm dicke Korkstücke und Abdeckband. Die Leinwand flach hinlegen, auf jede Ecke ein Stück Kork legen, das zweite Maltuch oder Brett darüberlegen und beides an den Ecken zusammenkleben. Die bemalten Oberflächen liegen getrennt und geschützt im Paketinneren. Eventuelle Korkabdrücke können wegretuschiert werden.

200

Alkydgel mit dem Pinsel untermischen.

MOTIVE

Die Erfahrung wird Sie lehren, dass es keine verbindliche Darstellungsweise gibt – ein Stillleben und ein Porträt ein und desselben Künstlers indes werden sich stilistisch und technisch nicht besonders unterscheiden. Dennoch geben wir Ihnen hier einige Tipps. Grundsätzlich empfiehlt es sich, eher auf die Wiedergabe von Hell und Dunkel zu achten, statt zu viele Details aufzunehmen.

LICHTDURCHLÄSSE

201

Für derartige „Himmelslöcher" zunächst das Blattwerk anlegen und dieses mit weißen Himmelsflecken übermalen. Schaffen Sie grobe Randübergänge, damit die hellen Partien nicht zu glatt wirken.

Bäume als geschlossene Laubflächen anlegen und dann mit hellen und dunklen Farbtönen modellieren.

Lichtdurchlässe hinzufügen, um eine natürliche Wirkung zu erzielen.

MÖGLICHST SCHLICHT

Vermeiden Sie übermäßig viele Details und achten Sie auf die korrekte Farbabstimmung. Widerstehen Sie der Versuchung, Farben einzeln zu betrachten; sie werden leicht zu kräftig. Legen Sie beim Bildaufbau rasch möglichst viele Hauptfarben an, um das Wechselspiel der verwendeten Farben beurteilen zu können.

202

In „Footprints" (Ausschnitt) von Denise Burns entsteht die Qualität des Lichts durch den Kontrast zwischen den gelben Glanzlichtern und den violetten Schatten. Extreme Farb- oder Tonwertkontraste müssen frühzeitig angelegt und intensiv ausgearbeitet werden.

TIEFENWIRKUNG

Um ein Feld vor einer Hecke hervortreten zu lassen, sollte der Fuß der Hecke mit einer dunklen Linie akzentuiert werden. Nun den an die Hecke grenzenden Feldrand mit einer hellen Linie absetzen und falls erforderlich abschwächen, damit die Linien nicht zu sehr ins Auge springen.

In „Evening Skies" von Martha Saudek lässt das Licht über den fernen Feldern die Landschaft Richtung Horizont zurückweichen.

203

HIMMEL UND ERDE

204

Den Himmel nicht mit glatter, dünner Farbe malen, um damit eine anscheinend körperlose Luft zum Ausdruck zu bringen. Die Himmelspartien stattdessen im gleichen Stil anlegen wie Land oder Wasser, um beide Bereiche zu vereinen. Die Pinselführung auf die Gesamtdarstellung abstimmen.

In Charles Soveks „Clouds over Santa Fe" sind Land und Himmel beispielhaft aufeinander abgestimmt und vereinheitlicht.

Im Detail wird sichtbar, dass für die Landschaft ein glatter Farbauftrag gewählt wurde und die vorderen Pflanzen die Tiefenwirkung betonen.

ÜPPIGE WOLKEN

In diesem Ausschnitt aus Brian Bennets „From the Ridgeway" verleiht dicke Farbe den Wolken Substanz.

Berücksichtigen Sie, dass sich die hellsten Stellen nicht an den Rändern befinden (außer im Gegenlicht). Die Oberseite der Wolke reflektiert das Himmelslicht, die Unterseite die Erdfarben. Die hellste Stelle befindet sich demnach im Wolkenkörper und sollte mit recht dicker Farbe gemalt werden.

205

206 LICHT AUF WASSER

Legen Sie zunächst die dunkleren Tonwerte an und übermalen Sie sie mit Glanzlichtern oder tragen Sie zuerst hellere Farbflecken auf. Nach dem Trocknen dunklere Farbe darüberziehen, so dass die helle Farbe durchscheint.

Die Glanzlichter werden direkt aus der Tube aufgetragen.

207 BLATTWERK

Falls ein Vordergrund Zweige oder Blattwerk enthalten soll, versuchen Sie, dieses in Form heller und dunkler Partien wiederzugeben, anstatt den Baum in einzelne Zweige oder Blätter aufzulösen.

Die Schattenpartien werden in einem dunkelgrünen Farbton angelegt.

Die freien Stellen werden in einem mittleren Grün ausgearbeitet.

PORTRÄTS

Arbeiten Sie stets mit dünner Farbe und denken Sie daran, dass das Entfernen ebenso wichtig ist wie das Auftragen von Farbe. Farbe lässt sich mit einem Lappen, sauberem Pinsel oder Spachtel schrittweise entfernen, bis der gewünschte Effekt erreicht ist.

In Ashley Holds „Self Portrait" wurde Farbe entfernt, um die Gesichtszüge zu betonen.

208

Unterschiedliche Pinselstrichverläufe deuten Blattwerk an, ohne Wiedergabe einzelner Blätter.

Ein helles Grün tritt hinzu. Die Tiefenwirkung entsteht durch die Kombination der Tonwerte.

209

Fertige Fleischfarben wirken flach und uninteressant. Mischen Sie stattdessen lieber einen Grundton aus drei bis vier Farben: Alizarinkarmesin, Lichter Ocker und Weiß oder gebrannter Umbra, Alizarin, Kobaltblau und Weiß. Nach Belieben können Sie ihn wärmer, kälter, heller oder dunkler gestalten.

In „Dianna" von Tom Coates entstammen die Haut- und die Hintergrundfarben der gleichen Palette aus Ockerfarben, Rottönen, Blau und Weiß.

BEWEGUNG

210

Menschen in Bewegung lassen sich am besten nass-in-nass porträtieren, weil einzelne Körperpartien (vor allem Beine und Füße) verwischt werden können, um Bewegung anzudeuten. Diese Technik vermeidet eine übermäßig scharfe Abgrenzung von Bildelementen.

Kopf und Schultern sind scharf, der rechte Arm indes ist verwischt, um die Dynamik der Bewegung wiederzugeben.

GRUPPEN

211

Personengruppen (ab zwei Personen) sollte man als eine Gestalt anlegen und dann das auf die einzelnen Personen einfallende Licht aufmalen, um sie voneinander und vom Hintergrund abzuheben.

KINDER

212

Jugendliche und vor allem Kinder haben naturgemäß Probleme, still dazusitzen, während Sie sie porträtieren. Sie können das Malen beschleunigen, indem Sie eine rasch trocknende monochrome Untermalung in Acryl anlegen, die Sie anschließend mit Ölfarben ausarbeiten.

FALTENWURF

Um Stofffalten überzeugend darzustellen, benötigen Sie etwa fünf Tonwerte. Überbetonen Sie die dunkleren warmen und kalten Töne, damit die Glanzlichter hervortreten. Mit dunkler dünner Farbe beginnen und zuletzt die Glanzlichter mit dickerer Farbe auftragen.

Zuerst die zurückweichenden Faltenpartien (also die tiefen Schatten) mit einem dunklen Tonwert der Stofffarbe auftragen.

Nun die mittleren Tonwerte hinzufügen und nahtlos mit den Schatten verbinden, um einen stetigen Verlauf anzudeuten.

Zuletzt die hellsten Tonwerte auftragen. Hell neben Dunkel erzeugt einen unvermittelten Wechsel der Raumebene, während ein gradueller Übergang eine gekrümmte Oberfläche darstellt.

213

214

Der Hintergrund ist ebenso wichtig wie das Motiv und sollte daher als integraler Bestandteil der Komposition angesehen und gemalt werden. Bauen Sie den Hintergrund mit der gleichen Pinselführung und Technik auf wie das Sujet und wechseln Sie häufiger zwischen Sujet und Hintergrund, um stets über das Zusammenspiel der Farben und Tonwerte orientiert zu sein.

Der grob aufgetragene Hintergrund markiert die Räumlichkeit und das Tonwertspektrum.

Die Farben des Hintergrunds werden stellenweise abgedunkelt, um die Katze hervortreten zu lassen.

Sujet und Hintergrund wurden im gleichen Stil angelegt, um dem Gemälde eine einheitliche Wirkung zu verleihen.

GLAS MALEN

215

Um eine Glasvase darzustellen, sollten zunächst der Hintergrund und die durch das Glas sichtbaren Stängel und Blüten gemalt werden; dabei Lichtbrechungen beachten. Nun die Ränder als helle und dunkle Tonwerte sowie vereinfachte Spiegelungen und Glanzlichter einfügen.

Zuerst alles durch das Glas hindurch Sichtbare (Stängel, Teile des Hintergrundes) aufmalen.

Vasenränder durch unterschiedliche Tonwerte von Glas und Hintergrund andeuten.

BLUMEN

Beim Malen der Rose folgt man der kreisförmigen Anordnung der Blütenblätter. In den hellen Bereichen mit dünner Farbe arbeiten.

Die Knospen der Osterglocke mit kurzen, gezielten Pinselstrichen auftragen.

Hierbei bedarf es einer sorgfältig angelegten Komposition und einer beherzten Pinselführung ohne anschließende Korrekturen, um Gestalt und Ausrichtung der Blüten und Blätter zu markieren. Falls Sie mit bestimmten Partien nicht zufrieden sind, schaben Sie die Farbe ab und versuchen Sie es von neuem.

216

METALLISCHE OBJEKTE

Metallische Oberflächen reflektieren ihre Umgebung, doch ihre Färbung ist trüber, bis auf die Glanzlichter. Die Gestalt des Objekts kann auch allein mit Hilfe der Reflexionen wiedergegeben werden.

217

Gestalt und Reflexionsvermögen metallischer Gegenstände lassen sich durch die Art, wie sie Licht und Farben benachbarter Objekte reflektieren, wiedergeben – wie diese Arbeit („Tomato with Salt and Pepper") von Deborah Deichler zeigt.

3

PASTELLMALEREI

Pastellkreiden sind ein faszinierendes Medium, weil es sie in vielen Tönen gibt und weil sie leicht aufzutragen sind. Häufig werden sie mit dem Finger verwischt. Die Pastellmalerei mischt Elemente des Zeichnens mit denen der Malerei. Im 17. und 18. Jahrhundert wendeten sich besonders Porträtmaler gern der Pastellmalerei zu, weil sie mit dieser Technik sehr gut das samtig-matte Schimmern von Haut imitieren konnten.

Alan Oliver, „The Blue Windbreak“ (Detail).

EINFÜHRUNG PASTELLMALEREI

HABEN SIE auch schon einmal in einer Galerie vor einem Pastellbild gestanden und sich gefragt, wie der Künstler einen bestimmten Effekt darin erzielt hat? Haben Sie beim Beobachten eines Malers ganz neue Erkenntnisse zu einer bestimmten Technik gewonnen? Haben Sie voller Verzweiflung vor einer eigenen Arbeit gestanden, weil die Farben entweder zu grell oder zu stumpf waren und Ihnen einfach keine Lösung dazu einfallen wollte? Auch professionelle Künstler kämpfen mit Frustration, aber sie lernen schnell, damit fertig zu werden. Und auch Ihnen wird das immer besser gelingen.

Pastellkreide ist ein direktes, ausdrucksstarkes Medium, das die Vorzüge der Malerei – reine, leuchtende Farben – und die leichte Handhabung von Zeichenmaterialien in sich vereinigt. Ein Stück harte oder weiche Pastellkreide oder Ölpastellkreide kann ebenso einfach eingesetzt werden wie ein Stück Zeichenkohle. Sie können damit breite Flächen zeichnen, Farben vermischen, Lavierungen anlegen oder mit Impasti arbeiten. Die Arbeit mit Pastellkreiden bietet viele Möglichkeiten. Sie werden schnell zu Ihrem Stil finden.

Zuerst erfahren Sie alles, was es über Farben und Papiere zu wissen gilt, spätere Abschnitte enthalten Ratschläge zu speziellen Techniken und Spezialeffekten sowie Hinweise dazu, wie man ein nicht ganz gelungenes Bild noch retten kann. Sie werden lernen, wie Sie Papier selbst einfärben können, wie Sie Texturen erstellen, wie Sie aus Ölpastellkreide mit Hilfe von Terpentinersatz Farbe machen können, wie Sie Pastellkreide mit Zeichenkohle kombinieren können usw. Ein eigener Abschnitt beschäftigt sich mit dem Entfernen bereits aufgebrachter Farbe. Sie bekommen Ratschläge für die Arbeit im Freien und zur Pflege und Konservierung Ihrer Arbeiten. Pastellkreide ist ein sehr empfindliches Zeichenmedium und Ihre Arbeiten müssen besonders geschützt werden. Schauen Sie sich auch Ihre früheren Pastellarbeiten noch einmal an und überlegen Sie, ob sie mit einer anderen Methode vielleicht noch besser gelungen wären. Probieren Sie die Tipps aus, die Sie besonders ansprechen.

MATERIAL

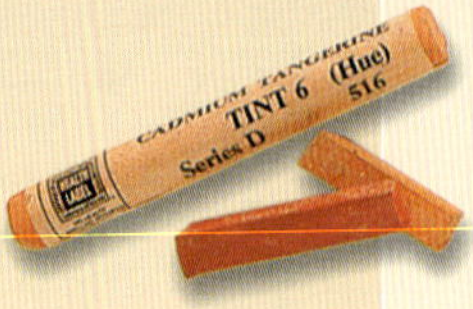

Im Folgenden finden Sie Ratschläge zu verschiedenen Pastellkreiden und Farben, aber auch einige ungewöhnliche Tipps. Wussten Sie, dass man Pastellkreiden hervorragend mit gemahlenem Reis reinigen kann? Wären Sie auf die Idee gekommen, Gemüseschalen aus dem Supermarkt zum Aufbewahren Ihrer Farben zu verwenden?

BASIS-FARBPALETTE

Für ein vielseitiges Farbsortiment kauft man am besten je einen warmen und einen kalten Ton der Hauptfarben des Farbkreises. Die wichtigsten kalten Farben sind Mohnrot, Zitronengelb, Olivgrün, Kobaltblau und Siena gebrannt. Vielseitige warme Töne sind Karminrot, Kadmiumgelb, Chromgrün, Französischultramarin und Umbra gebrannt. Schwarz, Weiß und erdige Töne, wie Krappbraun und Siena natur, bilden eine ideale Ergänzung.

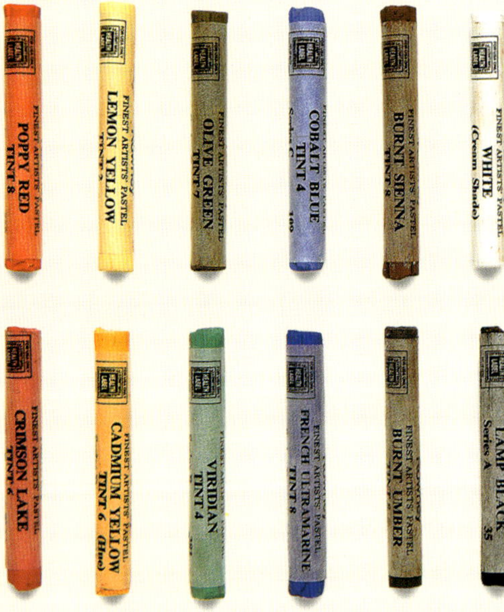

218

SPEZIELLE FARBPALETTEN

Wenn Sie Ihre Arbeit als Pastellmaler mit nur wenigen Farbtönen beginnen wollen, richten Sie sich für Ihr erstes Sortiment am besten nach Ihrem Lieblingsmotiv. Für Landschaften wählt man viele Grüntöne, für Porträts benötigt man fleischfarbene Töne und zusätzliche Farben für Kleidung sowie Licht und Schatten.

219

PRIMÄRFARBEN

Alle Farben können durch eine Mischung der Primärfarben Rot, Blau und Gelb erzeugt werden. Experimentieren Sie mit den Farben. So schulen Sie auch Ihre Farbwahrnehmung.

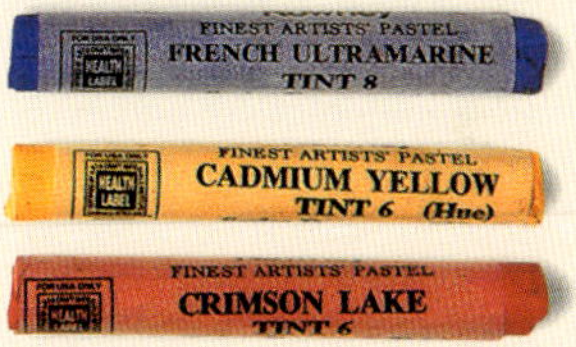

220

FARBAUSWAHL

Durch eine gute Farbauswahl vermeidet man die Anhäufung von überflüssigen, sehr wenig genutzten Farben. Zwar gibt es für einzelne Themen – Porträt, Landschaft, Stillleben – speziell vorsortierte Farbskalen, aber in den meisten Fällen werden Sie einige Farbtöne davon nie gebrauchen können. Wenn Sie sich für den Kauf einzelner Farben entscheiden, bauen Sie sich die optimale Farbskala selbst auf.

221

AUSWAHL DER PASTELLSORTEN

222

Es gibt vier unterschiedliche Pastellsorten. Weiche Pastellkreide: trocken, pudrig, zum Verwischen oder zum Abdecken großer Flächen. Harte Kreide: feste Konsistenz, leicht entfernbar, gut zum Vorzeichnen und für detaillierte Zeichnungen. Pastellstifte: sauber, verschmieren nicht so schnell, für feine Details und Kreuzschraffierungen. Ölpastellkreide: krümelt nicht (nicht mit anderen Pastellkreiden mischen!)

AUF QUALITÄT ACHTEN

Ihre Pastellbilder werden auf Dauer ihre Leuchtkraft und Frische nur dann behalten, wenn Sie mit erstklassigen Kreiden arbeiten. Bei den preiswerteren Pastellkreiden ist die Lichtbeständigkeit der Pigmente durch den höheren Kreideanteil beeinträchtigt (Kreide dient als Pigmentbindemittel). So verlieren die Farben im Laufe der Zeit ihre Brillanz.

223

FARBKASTEN – SELBST GEMACHT

Wenn Sie zum Aufbewahren Ihrer Pastellkreiden keinen gekauften Farbkasten benutzen, legen Sie einfach Schubladen oder Kartons mit Wellpappe aus, um die Kreiden einzeln und auf diese Weise sauber zu halten. Besteckkästen aus Kunststoff mit Einzelfächern sind auch als „Farbkästen" geeignet.

224

FARBAUSWAHL LEICHT GEMACHT

225

Je mehr Kreiden Sie besitzen, desto wichtiger ist es, sie nach Farben getrennt aufzubewahren: Grüntöne in einem Kasten, Rottöne in einem anderen usw. So können Sie die zur Verfügung stehenden Schattierungen auf einen Blick erkennen und die jeweils beste auswählen.

PASTELLKREIDEN SAUBER HALTEN

226

Wenn Sie alle Farben in einem Kasten aufbewahren, streuen Sie den Boden am besten mit gemahlenem Reis aus. So halten Sie die Kreiden voneinander getrennt, das Reismehl reibt den von den anderen Kreiden aufgenommenen Farbstaub ab und die Pastellkreiden bleiben sauber. Reinigen Sie die Pastellkreiden vor dem Einsatz sorgfältig von Reisrückständen.

227

PASTELLKREIDEN REINIGEN

Auf weichen Pastellkreiden bildet sich leicht ein grauer Staubfilm. Man reinigt sie am besten, indem man sie in eine große, mit gemahlenem Reis gefüllte Plastiktüte gibt und vorsichtig schüttelt. Dann füllt man das Ganze in ein Sieb und zurück bleiben die gereinigten Pastellkreiden.

228

DER RICHTIGE ARBEITSPLATZ

Falls es Ihnen schwer fällt, Ihre Kreiden zusammen zu halten, während Sie arbeiten, dann sollten Sie sich einen Platz schaffen, der nur für Ihre Malutensilien reserviert ist. Dafür eignen sich z. B. ausgediente Fernsehtische, Servierwagen oder Waschtische mit Marmorplatten. Der äußere Rand der Tischplatte oder des Tabletts sollte leicht erhöht sein, damit die Kreiden nicht herunterrollen. Auf dem Regal darunter kann man kleine Pappkartons, Fixative, Sprays, Lappen, Küchenpapier, Torchons und andere Hilfsmittel unterbringen.

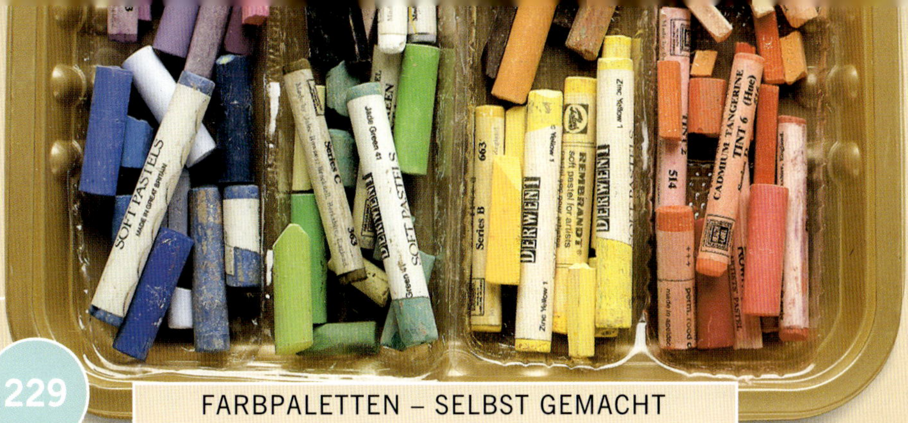

229

FARBPALETTEN – SELBST GEMACHT

Fast überall bekommt man heute Gemüse in kleinen Plastikschalen und -tabletts. Aus diesen Tabletts lassen sich ganz einfach leichte, griffige Farbpaletten machen, ideal geeignet zum Aufbewahren der für Ihr jeweiliges Bild benötigten Pastellfarben.

SO BLEIBT IHR BILD SAUBER

Beim Malen löst sich feiner Pigmentstaub von den weichen Kreiden und sammelt sich auf dem Bild. Das lässt sich verhindern, indem man auf einer leicht geneigten Platte oder an einer Staffelei arbeitet. Der Farbstaub fällt dann nicht auf das Bild, sondern auf den Tisch oder zu Boden.

230

DAS RICHTIGE ZEICHENBRETT

231

Das Arbeiten mit Pastellkreiden wird leichter sein, wenn das Zeichenbrett insgesamt etwas breiter ist als das Papier. Wenn Papier und Brettrand gleich groß sind, wirkt Ihre Komposition gedrückt und Sie werden unbewusst versuchen, kleiner zu zeichnen. Sie können das Zeichenbrett auch sehr gut als provisorischen Bilderrahmen nutzen, um Proportionen und Maßstab Ihres Bildes richtig einzuschätzen.

FARBTONSKALA – SELBST GEMACHT

Wenn Sie befürchten, dass Sie im Verlauf der Malarbeiten die Hülle der Kreiden entfernen müssen und damit die Beschriftung verloren geht, legen Sie sich vor Beginn der Arbeiten eine Skala der verwendeten Farben an. Dazu markieren Sie den Rand eines Papierbogens mit den jeweiligen Farbtönen und vermerken daneben Farbe und Farbton. So können Sie jederzeit die in einem Bild benutzten Farben identifizieren, indem Sie den Rand Ihrer Skala und die Farbe im Bild übereinander legen. Mit der Skala kann man auch Pastellkreiden identifizieren.

232

DIE PERFEKTE OBERFLÄCHE

233

Unebenheiten auf der Oberfläche Ihrer Arbeiten können auch durch die Beschaffenheit der Malunterlage verursacht worden sein. Pastellkreiden lassen alle Unebenheiten in Ihrem Zeichenbrett auf dem Papier als „Druckstellen" erscheinen. Diesem Problem gehen Sie aus dem Weg, wenn Sie zwischen Ihrem Zeichenpapier und dem Arbeitsbrett ein Polster aus einigen Lagen festem, säurefreiem Papier schaffen. Sie erhalten so eine glatte, weiche Oberfläche, auf der Sie optimal arbeiten können.

VON HART ZU WEICH

234

Wenn Sie mit harten und weichen Pastellkreiden arbeiten, beginnen Sie stets mit den härteren. Die weichen Pastellkreiden können sich leicht in der Textur des Malgrundes festsetzen und spätere Korrekturen sehr erschweren.

235

SAUBERE BILDER

Ein Verschmieren Ihrer Pastellarbeiten mit der Hand während des Malens vermeiden Sie, wenn Sie (als Rechtshänder) immer von links nach rechts und vom oberen zum unteren Rand arbeiten. Linkshänder arbeiten, malen, zeichnen von rechts nach links. So stützen Sie die Arbeitshand immer auf der freien Papierfläche ab und riskieren nicht, bereits fertige Bildbereiche wieder zu ruinieren. Sie können bereits fertige Bildteile auch mit einem Papierbogen abdecken und die Hand beim Arbeiten darauf abstützen.

PAPIERE UND GRUNDIERUNGEN

Die im Handel erhältlichen Standardpapiere für die Pastellmalerei, die auch in vielen farbigen Tönungen angeboten werden, sind für die meisten Zwecke ausreichend. Es gibt aber eine Vielzahl anderer Papiere, die auszuprobieren sich lohnt. So malen viele Künstler bevorzugt auf Sandpapier, andere arbeiten mit Aquarellpapier. Falls Sie einen Malgrund mit viel Textur bevorzugen, empfiehlt sich eine spezielle Acryl-Gesso-Grundierung.

PAPIERE FÜR WEICHE KREIDEN

Wenn weiche Kreiden auf Ihrem Papier nur schlecht haften, arbeiten Sie möglicherweise auf dem falschen Malgrund. Optimal geeignet für weiche Pastellkreiden ist geripptes Papier.

1 Mi-Teintes-Papier hat eine wabenartige Oberfläche. Die Rückseite weist eine andere Textur auf, kann aber auch als Malgrund benutzt werden. Mi-Teintes-Papier ist widerstandsfähig und eignet sich daher für Impasti.

2 Das gerippte Ingrespapier wird in vielen Farbtönen angeboten, von hellen Neutralfarben bis zu intensiveren und dunkleren Farbnuancen oder gesprenkelt.

3 Aquarellpapier gibt es nur in Weiß, es lässt sich aber gut mit Aquarellfarben, Acrylfarben oder einer trocken aufgetragenen Pastellkreide-Schicht kolorieren (siehe Tipp 248).

4 Farbpigmente haften auf der baumwollbeflockten Oberfläche von Velourspapier sehr gut, deshalb eignet es sich für dicken Farbauftrag.

5 Büttenpapier ist ideal für Pastelle, wird aber nur in kleinen Formaten angeboten.

6 Sandpapier in Künstlerqualität ist neutral gefärbt und auch in Großformaten erhältlich. Nass und trocken verwendbares Sandpapier ist auch für Nasspastellauftrag geeignet, wird aber ausschließlich in Schwarz und in kleinen Blattgrößen angeboten. Wählen Sie für die Arbeit mit Pastellkreide die feinste Körnung (400).

7 Pastellkarton ist eine rückseitig mit Fiberglas verstärkte Kunstfaserleinwand, der Grundierungen ähnlich wie Papier absorbiert, aber nicht wellt, wenn er nass wird.

236

PAPIERE FÜR ÖLPASTELLKREIDEN

237

Obwohl Ölpastellkreiden bessere Hafteigenschaften haben als weiche Pastellkreiden, sollten Sie vor allem bei Impastoarbeiten auf texturierten Papiersorten arbeiten.

1 Mi-Teintes-Papiere eignen sich hervorragend für Ölpastellarbeiten, sowohl die (texturierte) Vorder- als auch die (glattere) Rückseite. Auf diesem kräftigen Papier können Sie Ölpastelle mit Terpentinersatz auftragen und Farbmanipulationen vornehmen, ohne den Malgrund zu beschädigen. Verwenden Sie auf jeden Fall Terpentinersatz und niemals Terpentin!

2 Ingrespapier ist für Ölpastellarbeiten geeignet: Die widerstandsfähige Oberfläche ermöglicht die Bearbeitung der Farben mit Terpentinersatz.

8 Aquarellpapier mit glatter oder aufgerauter Oberfläche ist auch für Ölpastelle verwendbar. Das weiße Papier lässt sich mit Ölpastellfarben (mit Terpentinersatz verdünnt) oder mit Acrylfarben (mit Wasser verdünnt) grundieren.

9 Ölmalpapiere sind für einen „malerischen" Ansatz Ihrer Ölpastellarbeiten geeignet. Das kräftige Papier erlaubt verschiedene Maltechniken. Mögliche Fehler lassen sich leicht korrigieren.

FARBBRILLANZ ERHALTEN

238

Die Farben halten länger, wenn Sie auf säurefreiem Papier arbeiten, da es alterungsbeständig ist und langfristig keine Farbveränderungen zulässt.

DIE RICHTIGE OBERFLÄCHE

239

Indem sie mit Papierstrukturen experimentieren, können Sie eine größere Bandbreite künstlerischer Effekte in Ihre Arbeit einbringen. Wie Mi-Teintes-Papier hat Ingrespapier eine leicht texturierte und eine glattere Seite.

ALTERNATIVEN ZU PAPIER

Anstelle normaler Pastellpapiere können Sie auch Natronpapier oder Recyclingpapiere verwenden – allerdings verblassen die Farben mit der Zeit, sofern das Papier nicht säurefrei ist.

240

GLATTE OBERFLÄCHEN

241

Wenn Sie eine glatte Papieroberfläche bevorzugen, sind Kupferdruckpapiere den Aquarellpapieren vorzuziehen, da sie saugfähiger sind und die Farbpigmente der Pastellkreide besser aufnehmen.

BILDER OHNE FIXIERUNG

242

Falls Sie Ihre Werke nicht fixieren wollen, sollten Sie zu grob genarbtem Papier greifen. Je besser die Kreiden haften, desto weniger Fixierung ist nötig.

IMPASTO-PAPIERE

Speziell für Pastellarten mit dickem, vielschichtigem Farbauftrag gibt es bereits fertig auf Karton gezogene Pastellpapiere.

243

IN DER NOT

244

Auch grobes braunes Packpapier kann man als preiswerte Alternative zu Pastellpapier verwenden. Dies zeigen z. B. Venedig-Pastelle von James McNeil Whistler (1834–1903). Seien Sie jedoch vorsichtig! Diese Papiersorten sind meist säurehaltig und sollten daher vor allem für Skizzen und gröbere Pastellarbeiten dienen.

Kontrast von Pastell- und Papierfarbe: „Yellow and Blue Cushions" (Detail) von Olivia Thomas.

KONTRASTE SETZEN

245

Viele Pastellmaler bevorzugen einen Papierfond, dessen Tönung mit der Farbgebung des Bildes harmoniert. Als Alternative lässt sich auch gezielt eine Komplementärfarbe als Grundierung einsetzen. Wenn Sie z. B. eine Winterimpression oder eine blau-graue Landschaft auf einem warm getönten gelben oder braunen Papier anlegen, können Sie ihr Bild auf einem Farbkontrast aufbauen. Die durchscheinenden Sprenkel der Original-Papierfarbe betonen die kühleren grau-blauen Farbnuancen.

Kontrast durch schwarzen Papierhintergrund – „White Chrysanthemums" (Detail) von Olivia Thomas.

FARBIGES PAPIER

Wenn Ihren Bildern die Leuchtkraft oder die richtige Stimmung zu fehlen scheint, können Sie versuchen, auf farbigem Papier zu arbeiten. Das getönte Papier kann partiell unbemalt bleiben, sodass Sie weniger Pastellkreide auftragen müssen. So kann beispielsweise ein grauer Himmel fast ausschließlich aus dem getönten Malgrund bestehen.

Das blaue Papier verleiht den gelben und orangen Farbtönen zusätzliche Brillanz – „Autumn Colours at Chiswick House" von Olivia Thomas.

246

ÄNDERN DER PAPIERFARBE

247

Falls Ihnen die ursprüngliche Papierfarbe nicht zusagt, können Sie die Tönung – kräftiges Papier vorausgesetzt – mit einer Grundierung aus Aquarell- oder Acrylfarbe verändern. Damit sich das Papier nicht wellt, sollten Sie es zuvor aufziehen.

MALGRUND AUS PASTELLKREIDE

248

Sie können die Papiertönung auch ändern – oder Aquarellpapier beliebig einfärben –, indem Sie eine Grundierung aus trockenen Pastellkreiden auftragen. Hierzu kratzen Sie mit einem Messer ausreichend Kreidestaub von einer weichen Pastellkreide und verteilen ihn dann mit einem Lappen oder etwas Watte gleichmäßig. Die Grundierung muss vor Malbeginn fixiert werden. Sie können die Farbe kräftiger auftragen oder auch verschiedene Farben nehmen. Bei einer Landschaft können Sie z. B. eine blaue oder graue Grundierung für den Himmel und eine gelblich-braune Fläche für die Erde anlegen.

Hier wurden bei der Grundierung Himmel und Erde mit drei Pastellfarbtönen angelegt.

249 BESONDERE FARBGEBUNGEN

Sie arbeiten mit Aquarellpapier und wollen es ausgefallen einfärben? Machen Sie es wie in China: Reiben Sie feuchte Teeblätter über die Papieroberfläche – der gleiche Effekt lässt sich mit einem in Wasser getauchten Teebeutel erzielen. Auch Kaffee ergibt interessante Färbungen.

250 PAPIER-NARBUNG ERHALTEN

Bei der Grundierung des Papiers mit Acrylfarbe sollten Sie darauf achten, die Farbe nicht zu glatt und dick aufzutragen. Dies beeinträchtigt die natürliche Narbung des Papiers und somit seine Fähigkeit, die Pastellpigmente aufzunehmen.

251 ZEICHENKOHLE

Kohle sorgt besonders auf Aquarellpapier für einen interessanten Malgrund. Zudem mischen sich die Kohlepartikel gut mit den Pastellkreiden. Reiben Sie die Kohle ins Papier und entfernen Sie überschüssigen Kohlestaub.

252

EXTRA GROBE STRUKTUR

Für Bilder mit sehr grober Textur empfiehlt sich raues Aquarellpapier. Sie können das weiße Papier mit Acryl- oder Aquarellfarben beliebig kolorieren.

STRUKTURIERTER MALGRUND

Eine weitere Möglichkeit, dem Malgrund eine grobe Textur zu verleihen, ist das Auftragen einer Acryl-Gesso-Grundierung auf glattem, kräftigem Aquarellpapier. Diese Acryl-Modellierpaste wird in großzügigen senkrechten und waagerechten Zügen mit einem groben Borstenpinsel aufgetragen. Die so erzeugte Struktur bleibt durch das darüber liegende, fertige Pastellbild sichtbar und verleiht dem Bild eine besondere Note.

253

Die Acryl-Gesso-Grundierung wird mit dem Pinsel aufgetragen.

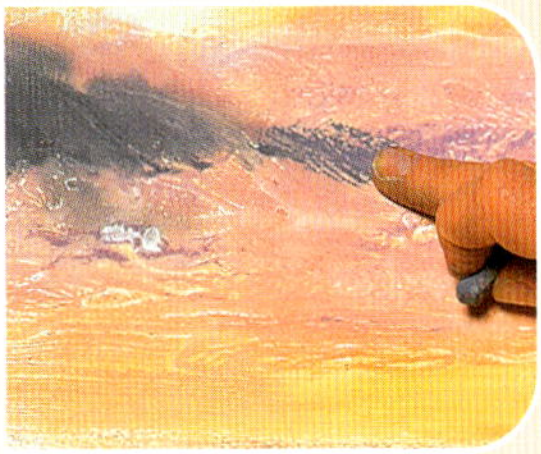

Die Pastellfarben betonen die Struktur.

Hier wurde nur der Himmel mit einer Textur unterlegt.

DUNKLE FARBNUANCEN

254

Wenn die gewünschten dunklen Farbtöne nicht im Handel erhältlich sind oder auf dem Papier stumpf wirken, können Sie die dunklen Schattierungen bei Malbeginn mit einem anderen Medium, wie etwa verdünnter Tinte oder stark verdünnter Acrylfarbe, auftragen.

Verdünnte schwarze Tinte wird aufgepinselt

Die Tinte muss vor dem Bemalen gut trocknen.

Die rot-braune Kreide auf der Tinte ergibt einen intensiven Braunton.

FLECKEN ENTFERNEN

Wenn die aufgeraute Struktur von kräftigem Aquarellpapier die aufgetragene Pastellkreide aufbricht, bleiben auf der Oberfläche des fertigen Bildes oft unerwünschte kleine weiße Flecken zurück. Wenn Sie das Papier jedoch vor Malbeginn mit einer zum Motiv passenden dünnen Aquarell- oder Acrylgrundierung versehen, bleiben die von den Pastellfarben nicht abgedeckten Stellen unsichtbar.

255

VORZEICHNEN

Da spätere Korrekturen bei Pastellgemälden schwierig sind, ist eine gute Vorzeichnung das Beste. Aber wie entsteht solch eine Vorlage? Gewöhnliche Bleistifte lassen sich nicht unter Pastellkreiden verwenden, man kann aber mit Zeichenkohle und Pastellstiften arbeiten. Es gibt auch andere Methoden, wie etwa Perforieren oder Pausen, die sich für detailreiche und komplexe Entwürfe eignen.

SKIZZIEREN

256

Fertigen Sie die Vorzeichnungen für Ihr Pastellbild nicht mit einem Bleistift an, da das leicht fettige Graphit die Pigmente abstößt. Verwenden Sie harte Pastellfarben, Pastellstifte oder Zeichenkohle.

ABPAUSEN

Wenn Sie als Grundlage für ein Pastellbild eine detaillierte Skizze benötigen, aber befürchten, dass das Graphit die Pastellfarben abstößt, können Sie die Zeichnung mit Hilfe der Paustechnik übertragen. Hierbei fertigen Sie Ihre Skizze auf Zeichenpapier an und übertragen sie dann mit einem Bleistift der Härte 2B auf Pauspapier. Danach legen Sie das Pauspapier mit der richtigen Seite nach oben auf das Pastellpapier und übertragen die Skizze. Diese Methode benötigt etwas mehr Zeit, aber Ihr Pastellpapier leidet nicht; Sie erhalten eine blasse, aber sehr präzise Vorzeichnung, die die Haftfähigkeit der Pastellfarben nicht beeinträchtigt.

Rückseite mit Bleistift schraffieren.

257

PERFORIEREN

258

Eine Skizze lässt sich durch Perforieren übertragen, das am besten für kleinere, komplexe Zeichnungen geeignet ist. Hierbei wird mit einer langen Nadel oder z. B. einer Ahle (Prickelstift) entlang der Umrisse ihrer Vorlage gestichelt. Dann wird die perforierte Skizze auf das Pastellpapier gelegt und gemahlene Pastellkreide durch Auftragen mit einem weichen Lappen oder Watte durch die Löcher hindurch auf das Papier gebracht. Diese dünn gestrichelte Linie lässt sich bei Bedarf durch Übermalen mit einem Pastellstift entsprechender Farbe deutlicher hervorheben.

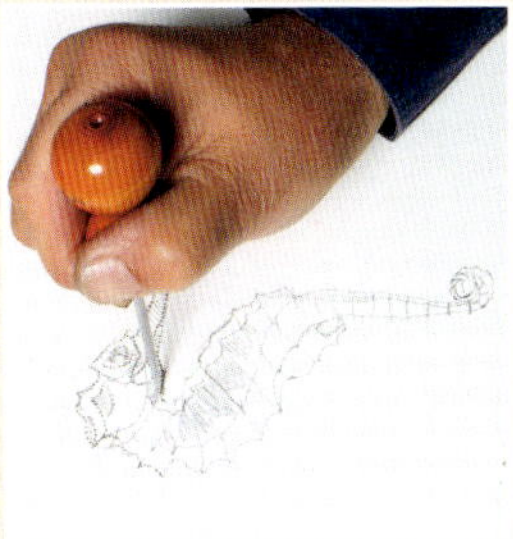

Die Skizze wird mit einer Ahle perforiert.

Weiche Pastellkreide wird durch die Löcher gerieben.

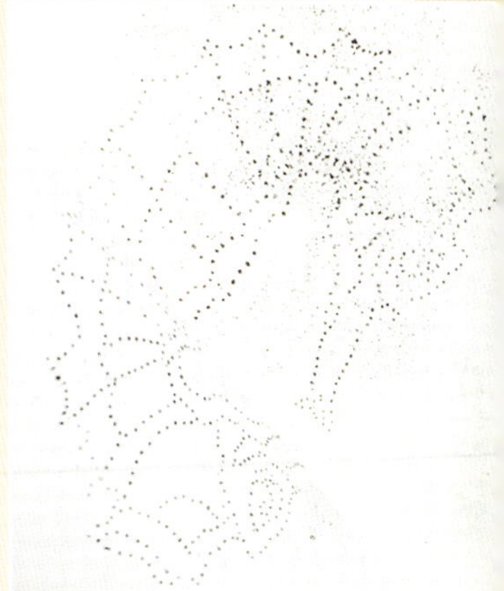

Die Linien lassen sich ohne weiteres nachzeichnen.

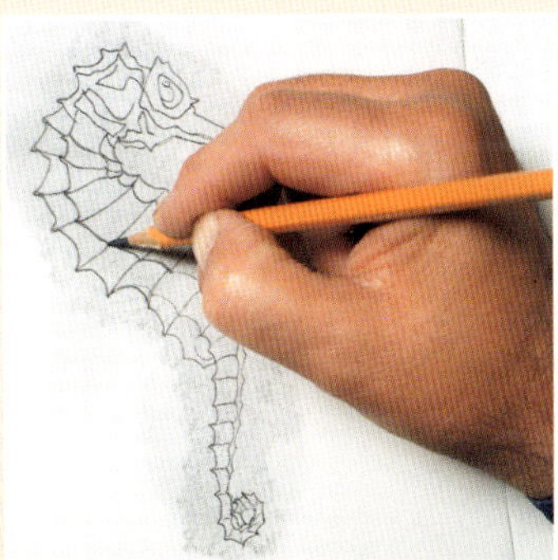

Die Skizze mit einem harten Bleistift übertragen.

Die Linien sind schwach, aber deutlich erkennbar.

WEISSE LINIEN

259

Interessante Effekte erzielt man, indem man die Papieroberfläche vor dem Aufbringen der Farben so einkerbt, dass weiße Linien sichtbar werden. Dafür ist Aquarellpapier geeignet, da es relativ fest ist. Sie können die Linien „blind“ mit einem Werkzeug (z. B. einer Stricknadel) aufbringen oder ihre Vorlage auf Pauspapier zeichnen, dieses auf den Malgrund legen und die Linien mit einem harten Bleistift oder Kugelschreiber nachziehen.

Die Linien mit einem Kugelschreiber einkerben.

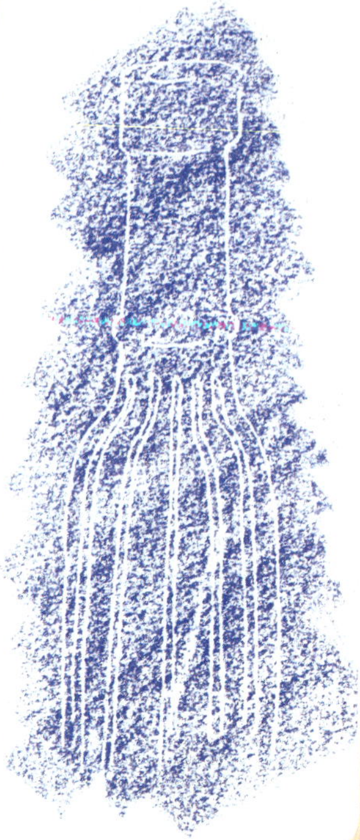

Die Rillen bleiben als weiße Linien sichtbar.

SCHATTENBEREICHE

260

Beim Erstellen der Vorzeichnung mit Zeichenkohle lassen sich Schattenbereiche durch Kreuzschraffuren hervorheben, was die spätere Arbeit erleichtert. Indem Sie vor Malbeginn überschüssige Kohlepartikel entfernen oder ein Fixativ aufsprühen, können Sie einer Verschmutzung des Bildes vorbeugen.

ZEICHENKOHLE

261

Zeichenkohle eignet sich für Vorzeichnungen, da sie die Pastellkreiden gut ergänzt. Bevor Sie mit dem Auftrag der Pastellkreiden beginnen, sollten Sie das Bild mit einem Lappen sanft abwischen, damit der Großteil der Kohle entfernt wird und nur ein fast unsichtbarer Umriss ihrer Skizze bleibt.

SCHATTEN BETONEN

262

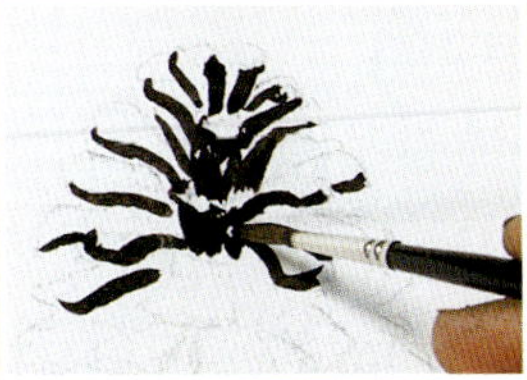

Unverdünnte Tinte ergibt ein kräftiges Schwarz.

Durch Hinzufügen von Wasser entstehen Grautöne.

Dunkle Töne lassen sich mit weichen Pastellkreiden kaum realisieren. Um die Schatten Ihres Bildes zu betonen, können Sie Ihre Vorzeichnung in schwarzer Tinte anfertigen. Die Tinte wird leicht verrieben und dann Pastellkreide aufgetragen – die Pastellfarben verwischen die Tinte zusätzlich.

BESONDERE EFFEKTE

Die folgenden Tipps helfen Ihnen, durch das Experimentieren mit Maltechniken einen eigenen Stil zu finden. Lernen Sie, wie Sie feine Schattierungen durch Misch- und Wischtechniken erreichen; testen Sie auch Ausgefallenes, etwa das Malen mit nassem Pinsel oder die Sgrafitto-Methode mit Ölpastellkreide. Außerdem erfahren Sie etwas über die Korrektur von zu stumpfen oder zu grellen Farbaufträgen.

FIEDERN

263

264

HARTE PASTELLFARBEN

Wenn Sie an einem Bild mit weichen Pastellkreiden arbeiten und später mit harten oder Pastellstiften übermalen wollen, sollten Sie die weiche Pastellkreide von Anfang an nicht zu dick auftragen, da sonst die harten Pastellfarben nicht haften.

ABDÄMPFEN

265

Mit der Fieder-Technik lassen sich auch zu grelle Farben mildern. Zu intensives Rot kann man mit dem komplementären Farbton – Grün – entschärfen. Das geht am besten mit harter Pastellkreide oder einem Pastellstift. Bei einer bereits aufgetragenen dickeren Farbschicht (Impasto) sollten Sie weiche Kreide nehmen.

Wenn Sie mit weichen Pastellkreiden oder Ölpastellfarben eine Farbe zu sehr vermischt haben, können Sie die Leuchtkraft durch „Fiedern“ retten. So nennt man das Schraffieren mit raschen linearen Strichen in einer helleren oder dunkleren Farbe.

Links: Doug Dawson legte in „Outside Jackson Hole“ Himmel und Gebirge mit Hilfe der Fieder-Technik an.

PLASTIZITÄT

266

RÄUMLICHE TIEFE

Betonung des Vordergrunds durch kräftige Striche – „End of Autumn, Dulwich Park" von Suzie Balazs.

Wenn dreidimensionalen Gegenständen in Ihren Bildern räumliche Plastizität fehlt, sind die Malstriche oft zu gerade. Geschwungene Striche, die der Form des Objekts folgen, erzeugen die Illusion von Tiefenwirkung.

Ihre Bilder wirken schnell zu „flach“, wenn Sie auf der gesamten Bildfläche gleiche Strichstärken verwenden. Setzen Sie dann eine lebhaftere, energischere Linienführung für den Vordergrund ein und weichere, dünnere Malstriche für den Hintergrund – das Ergebnis ist eine deutliche Verbesserung der räumlichen Wirkung.

267

LICHTPUNKTE SETZEN

268

Wenn Sie extrem helle oder dunkle Bildbereiche definieren wollen, sollten Ihre Malstriche unbedingt weich und verwischt sein.

„Celebration“ (Detail) von Urania Christy Tarbet.

LEBHAFTE GESTALTUNG

Leichte Schraffur über horizontalen Linien.

Diagonale Linien verleihen den Bäumen Leben.

Wirkt Ihr Bild langweilig und ausdruckslos, kann es sein, dass Länge und Richtung Ihrer Pastellstriche zu gleichförmig sind. Dies lässt sich durch eine bewusste Strichveränderung korrigieren.

269

BLICKFÄNGE SCHAFFEN

Um bei Ihrem Bild den Brennpunkt des Interesses ins rechte Licht zu rücken, können Sie ihn in einer kraftvollen, energischen Linienführung anlegen und mit weicheren Malstrichen umgeben.

Die lebhafte Strichführung in Gar Michaels „Scholar" verleiht dem Bild Textur und rückt zugleich das Gesicht in den Mittelpunkt.

270

GESCHLOSSENHEIT

Falls Ihr Bild zu fragmentarisch wirkt, kann es sein, dass Länge und Richtung Ihrer Pastellstriche zu unterschiedlich sind. Die Linienführung kann für interessante Effekte variiert werden, sollte aber insgesamt harmonisch sein.

In „Afternoon, Villa Fagnan" bedient sich Debra Manifold einer gleichmäßigen Strichführung.

271

272

POINTILLISMUS

Fällt es Ihnen schwer, beim Mischen der Pastellfarben räumliche Tiefenwirkung oder farbliche Abwechslung in Ihr Bild zu bringen? Lassen Sie sich von Vertretern des Pointillismus inspirieren: Sehr bekannte sind z. B. E. J. Vuillard (1868–1940), Odilon Redon (1840–1916), Pierre Bonnard (1867–1947) und Henri Matisse (1869–1954). Sie verwischten Farben nicht nur, sondern setzten die einzelnen ungemischten Farben punktförmig auf das Papier. So ergeben sich interessante Oberflächenstrukturen und dynamische Farbspiele.

RUHIGE FARBEN

Mit weichen Pastellkreiden ist es nicht leicht, unaufdringliche Effekte zu erzielen. Wenn Sie Farben abdämpfen wollen, können Sie sie mit Zeichenkohle kombinieren. In Landschaften erreichen Sie z. B. die für die mittlere Entfernung typischen grau-grünen und blau-grünen Schattierungen, indem Sie über die Pastellfarben eine dünne Schicht Zeichenkohle legen. Alternativ können Sie den Bereich auch zunächst mit Zeichenkohle einzeichnen, ohne die Kohle zu fixieren. Auf diese Weise „verschmutzen" Sie bewusst die darüber liegenden Pastellfarben.

Kohle über oder unter Kreiden auftragen.

Beide Zeichenmedien vermischen sich ideal.

273

FARBIGE KREUZSCHRAFFUREN

Um Kreuzschraffur-Effekte zu erzielen, malen Sie zuerst mit einer Pastellkreide wie mit einem Bleistift energische Striche in eine Richtung. Mit einer zweiten Farbe werden dann Linien etwa rechtwinklig über die erste Farbe gelegt. Tragen Sie immer zunächst die kräftigere Farbe auf, da sonst der zweite Farbauftrag die darunter liegende Schraffur verdeckt. Wenn Sie etwa Blassgrün mit einem kräftigen Blauton überlegen, wird das Grün fast unsichtbar.

274

FARBLASUR

Wenn Sie eine Farbe mit einer anderen lasieren wollen, tragen Sie die erste mit festem Andruck auf und streichen die zweite dann unter leichtem Druck mit der Breitseite der Kreide auf: Ein leichter Farbschleier lässt die ursprüngliche Farbe stellenweise sichtbar.

In „View Over Morrison" sind besonders die weiter entfernten Berge mit Hilfe von Farblasuren angelegt.

275

MIT NASSEM PINSEL ARBEITEN

276

Da weiche Pastellkreide fast ausschließlich aus reinen Farbpigmenten besteht, lässt sie sich mit Wasser auftragen. Die Arbeit mit nassem Pinsel eignet sich vor allem, um Pastellstriche weicher zu machen oder größere Flächen schnell mit Farbe zu bedecken. Dabei wird mit einem in sauberes Wasser getauchten weichen Pinsel über die Pastellkreide gemalt. Mit dieser Technik lassen sich attraktive Bildeffekte erzielen, da sich einige Pastellpartikel auflösen und wie Aquarellfarbe verlaufen.

Weichpastellkreiden bestehen fast ausschließlich aus Farbpigmenten, die sich in Wasser auflösen.

WEICHPASTELLKREIDEN VERWISCHEN

277

Mit der Wischtechnik lassen sich weiche Bildübergänge und subtile Farbnuancen erreichen. Große Flächen werden angelegt, indem man die Kreide aufträgt und dann mit der Hand oder einem Tuch verwischt. So kann man mehrere Farben übereinander legen und verwischen. Klassisches Hilfsinstrument für das Verwischen kleinerer Flächen ist der Torchon – eine feste, extra für solche Arbeiten hergestellte Papierrolle (siehe Tipp 285) –; ein Wattebausch leistet jedoch die gleichen Dienste. Sand- und Velourspapiere sind für Wischtechniken kaum geeignet.

ÖLPASTELLKREIDEN MISCHEN

Ölpastellkreiden lassen sich nicht so leicht verwischen wie weiche Kreiden. Lavuren sind aber mit Terpentinersatz möglich. Bei großen Flächen legen Sie zuerst die Farbe an und fahren dann mit einem terpentinersatzgetränkten Lappen oder Pinsel darüber. Kleinere Flächen vermalen Sie mit einem mit Terpentinersatz befeuchteten Pinsel, Wattebausch oder Torchon.

Farblavierung mit Terpentinersatz.

So sind sehr weiche Bildübergänge möglich.

278

279

KLARE FARBABGRENZUNGEN

Die leichte Verwischbarkeit der Pastellkreide erschwert das Anlegen klarer Farbfelder. Zur Lösung dieses Problems kann man z. B. Pastellhöhungen anlegen, indem man die farbigen Bereiche auf beiden Seiten der Konturierung gleichzeitig anlegt und bearbeitet.

Urania Christy Tarbet: „The Sod Buster“ (Detail). Die Leinwand reduziert das Verwischen der Kreiden.

KLARE KONTUREN

Verwenden Sie während der Arbeit den Rand eines Papierbogens als Schablone. Entfernen Sie das Blatt vorsichtig, um die Konturierung nicht wieder zu verwischen.

280

281

STIFTE SPITZEN

Zum Anlegen von klaren Konturen und Details verwenden Sie am besten scharf angespitzte Pastellstifte zusammen mit Kreidestäbchen.

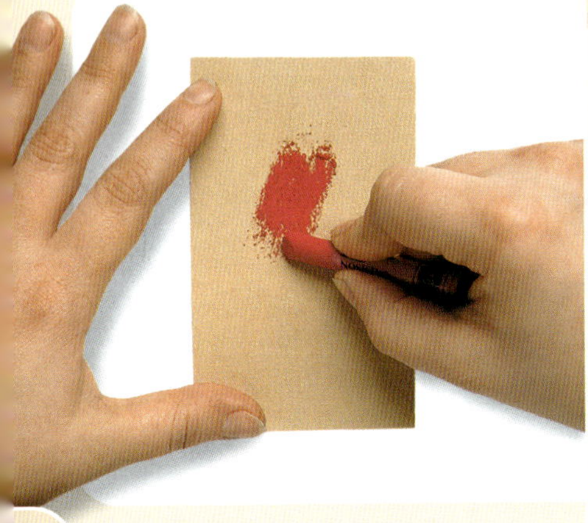

FEINE LINIEN

Feine Linien lassen sich auch mit weichen Pastellkreiden anlegen, wenn man die Kreide entweder durchbricht und mit der Spitze der Bruchstellen arbeitet oder die Kreide durch leichtes Reiben auf feinem Sandpapier anspitzt. Derart feine Umrisse können nicht mehr verwischen, wenn man sie ganz zum Schluss anlegt.

282

DETAILARBEIT

Versuchen Sie das Anlegen von Kreuzschraffuren und das Fiedern mit holzgefassten Pastellstiften oder mit harter Pastellkreide. Länge und Bruchfestigkeit beider erleichtern die Detailarbeit und Ihre Hände bleiben sauber.

283

SGRAFITTO-METHODE

Die Pastellfarben werden in Schichten aufgetragen.

Mit einer Skalpellspitze werden feine Linien gekratzt.

Unterschiedlicher Druck erzeugt verschiedene Effekte.

Die Sgrafitto-Technik ist ideal zum Ausarbeiten feiner Konturen.

284

Ölpastellfarben sind gut geeignet für diese Methode, bei der man die unteren Schichten der Farben durch Abkratzen der oberen freilegt. Zunächst wird der Malgrund ganz oder teilweise mit einer Schicht Ölpastellkreide bedeckt, die man in die Struktur des Malgrunds einarbeitet, bevor man eine weitere Farbschicht darüber legt, ohne sie jedoch einzuarbeiten. Dann kann man mit einem scharfen Gegenstand die obere Farbschicht ab- oder Linien hineinkratzen. Interessante Farbeffekte lassen sich aber auch erzielen, indem man mit der Seite eines Messers vorsichtig die obere Schicht abkratzt und die darunter liegende Schicht wieder freilegt. Diese Methode lässt sich auch mit weichen Pastellkreiden anwenden. Vor dem Auftragen der zweiten Farbschicht muss die erste unbedingt fixiert werden.

TORCHONS – SELBST GEMACHT

285

Es lohnt sich, Torchons – zum Verwischen der Farben – selbst zu basteln. Sie brauchen einen Cocktailspieß und ein Blatt Küchenpapier. Das Papier wird angefeuchtet und dann so um das Holzstäbchen gerollt, dass es nicht zu weit übersteht. Das Papier legt sich, wenn es trocknet, so fest um das Holz, dass eine zusätzliche Befestigung nicht nötig ist. Das benutzte Papier können Sie entfernen. Selbst gemachte Torchons lassen sich trocken für weiche Pastellkreiden einsetzen, in Terpentinersatz oder Terpentin getaucht, eignen sie sich für das Ausarbeiten von Details.

Feuchtes Küchenpapier um ein Holzstäbchen wickeln.

WEICHZEICHNEN

Durch das Verwischen der Umrisse mit dem Finger, einem Papiertuch oder Lappen wirken Motive sehr weich und verschwommen. Edouard Manet (1832–1883) gab so seinen Bildern das seinerzeit sehr aktuelle Aussehen weichgezeichneter Fotografien.

Unschöne Konturen kann man mit Fingern weichzeichnen.

Größere Flächen mit dem Lappen oder Borstenpinsel verwischen.

286

Verwischen mit selbst gemachtem Torchon.

STRUKTUR AUFBAUEN

287

Wenn Sie z. B. einer Baumgruppe im Hintergrund mehr Struktur geben wollen, tupfen Sie mit dem Finger oder einem Wattestäbchen in die Kreide. Diesen Effekt können Sie intensivieren, indem Sie Finger oder Wattestäbchen erst in Wasser tauchen (mit Terpentinersatz auch bei Ölpastellkreiden).

Der Gesamteindruck ist sanft und atmosphärisch.

DETAILS MIT IMPASTO

Das Anlegen von Details auf mehreren Schichten Pastellkreiden wird schwierig, wenn die Körnung des Malgrunds bereits verstopft ist. Legen Sie mit feuchten Kreiden dichte Impastoschichten über die letzte Schicht.

288

289 FIXIERMITTEL ALS MEDIUM

Der erste Farbauftrag wird mit Fixativ benetzt, bevor man weitere Kreide aufbringt.

Mit Fixiermittel gemischte Pastellkreiden.

Man kann Fixativ und weiche Pastellkreide mischen und als Medium einsetzen. Man kann dazu den Malgrund mit Fixativ anfeuchten und die Kreide aufbringen oder aufgetragene Farben gut mit Fixiermittel besprühen und dann mit Pinseln oder Kreiden bearbeiten. Dieser Effekt ist noch intensiver, wenn man aufgetragene Farben mit einem in Fixativ getauchten Pinsel bearbeitet. Edgar Degas (1834–1917) verwendete in seinen Werken eine ähnliche Methode für die Impasto-Effekte.

290 ARBEITEN MIT DAMPF

Degas verdanken wir eine Technik zum Anlegen von Oberflächenstrukturen, bei der weiche Pastellkreiden in bestimmten Bildbereichen mit Dampf behandelt werden. So entsteht eine Farbpaste, die man mit dem Pinsel bearbeiten kann. Wenn Sie experimentieren wollen, sollten Sie das Papier vorher aufspannen, damit es sich nicht wellt.

Der Dampf befeuchtet Kreide und Malgrund. Unten: Die feuchte Kreide wird mit dem Pinsel verteilt.

LICHTEFFEKTE

Die Wirkung eines Bildes hängt von richtigen Licht- und Schatteneffekten ab. Pastellkreiden sind sehr opak, man kann daher sehr gut helle Farben über dunklen anlegen. Zunächst sollte man sich auf die dunklen Farben konzentrieren, die Lichtreflexionen dann zum Schluss vornehmen. Wichtig ist, darauf zu achten, dass derart angelegte Glanzlichter nicht durch die darunter liegenden Pastellschichten trüb werden.

291

VON DUNKEL ZU HELL

Wenn Sie zu früh mit hellen Tönen arbeiten, kann es passieren, dass die Intensität der dunklen Farben verloren geht. Ihr Bild wirkt dann blass. Konzentrieren Sie sich daher zuerst auf Schatten und mittlere Tonwerte, um danach die helleren Farbtöne anzulegen.

Doug Dawson legt in „The Graveyard" Lichtflecken um die mittleren Tonwerte herum an.

LICHTBEREICHE DEFINIEREN

292

Großflächige Lichtbereiche in Ihrem Bild, wie etwa weiße Häuser in einer Landschaft, definieren Sie am besten mit einem weißen Pastellstift, bevor Sie sie im weiteren Verlauf der Arbeit ausführen.

WECHSELNDES LICHT

Wer im Freien malt, hat mit stets veränderten Lichtverhältnissen zu tun. Notieren Sie sich vor Beginn der Arbeit die Richtung des Lichteinfalls, an den Sie sich während der Arbeit halten müssen, damit Licht und Schatteneffekte identisch bleiben. Wenn es Ihre Zeit erlaubt, arbeiten Sie möglichst mehrere Tage immer zur gleichen Zeit. So gelingt Ihnen die Wiedergabe identischer Lichteffekte am ehesten.

293

FIXIEREN

Fixative in der Pastellmalerei sind oft Anlass für Diskussionen. Es gibt Maler, die das Fixieren ablehnen, weil es angeblich die Farbbrillanz beeinträchtigt, andere fixieren während des Arbeitens regelmäßig, lassen aber die fertige Arbeit unfixiert, wieder andere fixieren erst zum Schluss. Wenn Sie gern mit Fixativen arbeiten, die Anwendung aber schwierig finden, helfen Ihnen die folgenden Tipps.

ZERSTÄUBER

294

Wenn Sie zum Fixieren von weichen Kreiden einen Mundzerstäuber benutzen, werden Sie vermutlich mit einer oft verstopften Düse zu kämpfen haben. Ziehen Sie nach jedem Gebrauch einen Draht hindurch.

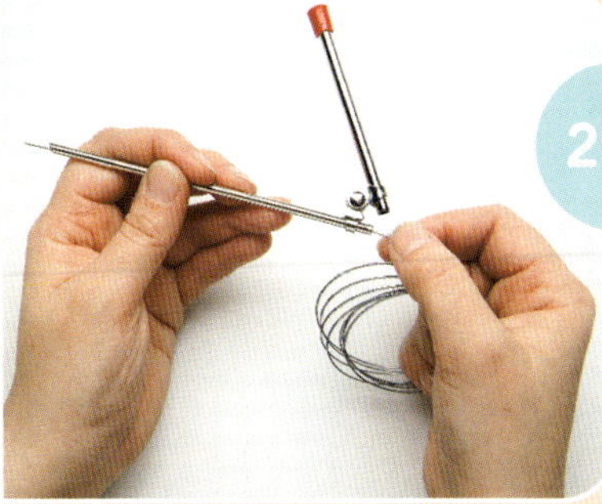

FIXIEREN OHNE SPRAY

295

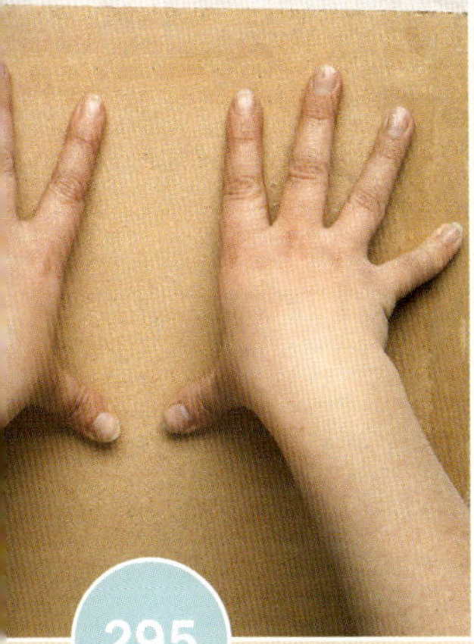

Viele Pastellmaler glauben, dass Fixative Farben und Struktur ihrer Pastellbilder beeinträchtigen. Hier ein Alternativvorschlag: Bedecken Sie das fertige Bild mit Küchen- oder Cellophanpapier, legen Sie Pappe darüber und drücken Sie sanft an. So werden die Pastellpigmente fester in die Körnung des Malgrunds gepresst und haften, ohne die Oberfläche zu beeinträchtigen. Pressen Sie nicht zu stark, um die Oberflächenstruktur des Bildes nicht zu verändern.

ERHALTEN DER LEUCHTKRAFT

Wenn es Sie ärgert, dass durch ein Fixativ die Farben nachdunkeln, Sie aber trotzdem nicht darauf verzichten wollen, fixieren Sie vor dem Aufbringen der letzten Farbschicht und der Lichteffekte. So behält die fertige Arbeit ihre Leuchtkraft.

Bei dieser halbfertigen Arbeit sind die Farben in dicken Schichten angelegt.

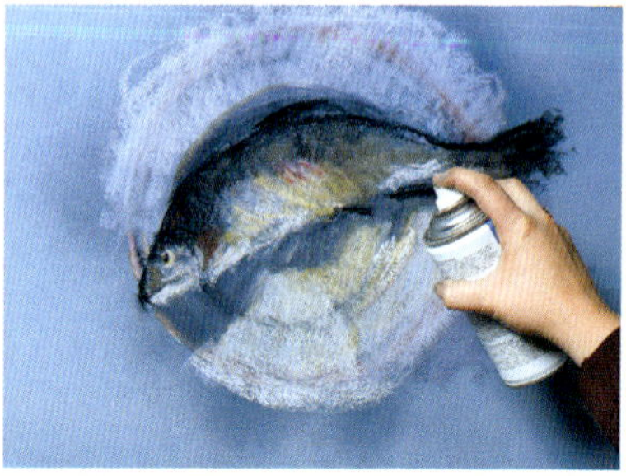

Fixieren verhindert das Vermischen neuer Farbschichten mit denen darunter.

Jetzt kann Weiß über die anderen Farben gelegt werden.

Farbbrillanz bleibt, wenn der letzte Farbauftrag nicht fixiert wird.

296

ÜBER DIE RÜCKSEITE

297

Ein Zuviel an Fixativ vermeiden Sie, indem Sie die Rückseite des Bildes besprühen. Das Mittel dringt durch das Papier, befeuchtet die Kreide und fixiert sie, ohne die Oberfläche zu beeinträchtigen. Mit saugfähigem Malgrund ist diese Fixierart besser als das Aufsprühen eines Fixativfilms auf die losen Farbpigmente.

298

DIE RICHTIGE TECHNIK

Falls Sie permanent zu viel Fixativ auftragen, vergrößern Sie am besten die Distanz zum Bild. Sprühen Sie immer in einem Abstand von mindestens 60 cm, beginnen Sie außerhalb des Bildmotivs und legen Sie mit langsamen, gleichmäßigen Bewegungen einen feinen Film über die gesamte Fläche, und zwar immer über den eigentlichen Rand des Bildes hinaus. Wichtig ist, dass Sie das Fixiermittel wirklich gleichmäßig auftragen, um zu vermeiden, dass es zu einer Flecken- oder Tropfenbildung kommt.

KORREKTUREN

Für Anfänger können erste Malversuche mit Pastell wahrhaftig zu einer Zerreißprobe werden, weil man ihnen gesagt hat, dass Korrekturen dabei nicht möglich sind. Zwar ist ein völliges Ausradieren der Linien sehr schwierig, es gibt aber, wie Sie sehen werden, andere Korrekturmöglichkeiten. Also, keine Sorge, fehlerhafte Stellen lassen sich leicht übermalen, wenn man zuvor lose Farbpigmente entfernt.

RETUSCHE MIT KNETGUMMI

Versucht man Pastellkreiden mit einem Radiergummi wegzuradieren, kann das Papier beschädigt werden. Mit Knetgummi lassen sich durch leichtes Tupfen viele Farbpigmente lösen, sodass eine kaum sichtbare Linie bleibt, über der sich leicht neue Farbe auftragen lässt.

299

RADIEREN MIT BROT

Auch ein kleines Stück zusammengeknetetes frisches Weißbrot lässt sich gut als Radiergummi-Ersatz verwenden.

300

BORSTENPINSEL

Sollten Sie kein anderes Radiermittel zur Hand haben, lassen sich Fehler auch gut mit einem harten Borstenpinsel korrigieren.

301

PAPIER WIEDERVERWENDEN

Ist ein Bild misslungen, so muss man das Papier nicht gleich wegwerfen. Legen Sie eine Schicht Acrylfarbe über das Motiv – nach dem Trocknen lässt sich darauf wieder gut mit Pastellfarben arbeiten. Dies geht jedoch nur bei Papier, das sich nicht wellt. Die Acrylgrundierung vermischt sich beim Auftragen mit den vorhandenen Pastellfarben.

302

KLEINERE ÄNDERUNGEN

303

Mit raschen tupfenden Fingerbewegungen lassen sich an einem Weichpastellbild ohne Beeinträchtigung der Bildoberfläche kleinere Bildkorrekturen durchführen. Diese Technik wirkt anders als ein Verreiben der Farben. Die Tupfbewegungen sollten jeweils entsprechend die ursprüngliche Stichführung widerspiegeln.

304

ÖLPASTELLKREIDE ENTFERNEN

Einer der Vorteile von Ölkreiden ist, dass sich Fehler leicht korrigieren lassen. Sie befeuchten Watte mit Terpentinersatz und wischen die Farbe damit ab. Die Farbe lässt sich auf diese Weise fast ohne Rückstände entfernen und der verdunstende Terpentinersatz greift die Oberfläche nicht an.

Falls Sie ein gelungenes Motiv durch zu intensiven Farbauftrag ruiniert haben und der Fehler nicht korrigierbar ist, können Sie das Bild trotzdem noch retten: Sie tränken ein neues Blatt Papier in Wasser, lassen es abtropfen und legen es mit festem Druck so auf Ihr Motiv, dass es nicht verrutschen kann. Mit der Hand oder einem feuchten Schwamm reiben Sie dann mehrmals kräftig über die Papierrückseite. Wenn Sie das Papier dann vorsichtig abziehen, werden Sie sehen, dass das Motiv spiegelverkehrt auf das neue Blatt übertragen wurde. Befestigen Sie das Papier zum Trocknen so an einem Brett, dass es keine Wellen wirft.

Das zu übertragende Motiv auf Aquarellpapier.

Ein Papier der gleichen Sorte wird aufgelegt und befeuchtet.

Das obere Blatt wird abgezogen.

Das Originalbild bleibt unverändert.

Die spiegelverkehrte Version auf dem neuen Blatt.

305

MALEN IM FREIEN

Es ist nicht einfach, die ideale Ausrüstung für die Pastellmalerei im Freien zusammenzustellen. Die Farben einer Landschaft sind nicht vorhersehbar. Welche Farben und Papiersorten soll man also mitnehmen? Am besten beschränkt man sich auf ein Minimum – Farben lassen sich mischen, Papiere eintönen. Seidenpapier dient als Schutz der Bilder.

REINIGUNG

Bei der Arbeit im Freien sollten Sie immer feuchte Tücher dabei haben, um Ihre Hände reinigen zu können. Für die Arbeit mit Ölpastellkreiden nehmen Sie Terpentinersatz und diverse Lappen mit.

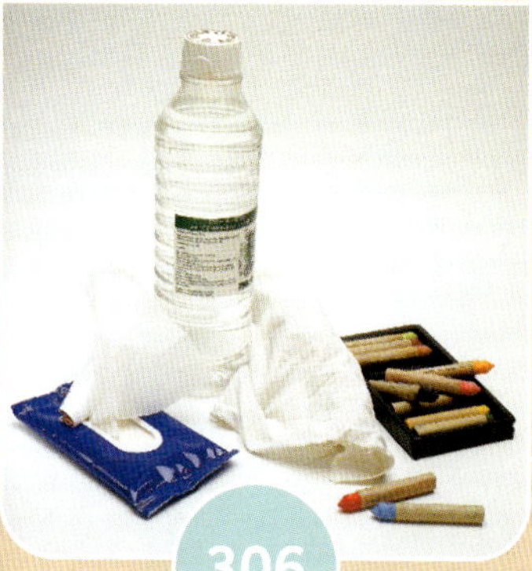

306

SCHUTZ

307

Ein Verschmieren der Arbeiten während des Transportes verhindert man, indem man säurefreies Seidenpapier zwischen die einzelnen Bilder legt.

AEROSOL-FREIE FIXATIVE

Aus Sicherheitsgründen ist die Mitnahme von Spraydosen auf Flugreisen ins Ausland nicht immer gestattet. Hier bieten sich Pumpflaschen ohne Treibgas als preiswerte Alternative an. Ebenso gut kann man auch Fixativ aus der Flasche mit einem Zerstäuber auftragen.

308

REISESET

309

Für spontane Malausflüge sollten Sie stets eine Material-Reiseausrüstung parat halten. Dazu gehört alles, was Sie für die Arbeit bei Wind und Wetter im Freien brauchen – nicht zuletzt Klammern und Kreppklebeband. Beschränken Sie sich auf wenige Farben. Das schult Ihre künstlerische Selbstdisziplin. Auch wenn Ihnen eine spezielle Farbe fehlen sollte, können Sie das Bild zu Hause nachbearbeiten.

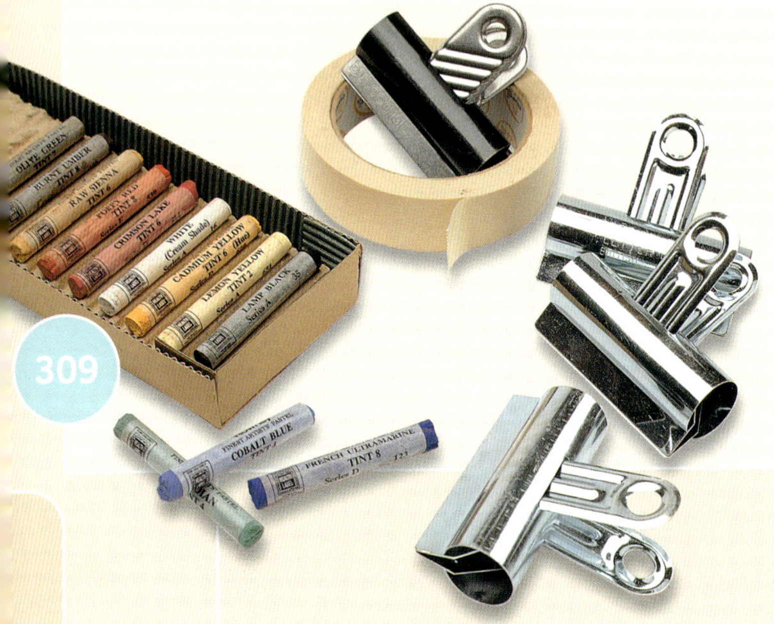

ALLZWECKPAPIER

310

Statt für unterwegs eine umfassende Papierkollektion mitzunehmen, sollte man sich auf ein oder zwei neutrale Papiersorten in mittleren Tonwerten beschränken. Einen dunkleren oder leuchtenderen Fond können Sie jederzeit mit Hilfe der Trockenlavierung anlegen (siehe Tipp 248).

LAGERUNG UND RAHMUNG

Pastellbilder sind empfindlich und verschmieren leicht. Bilder, die Sie nicht sofort rahmen wollen, sollten daher geschützt werden – wie man das macht, zeigen die folgenden Tipps. Darüber hinaus finden Sie einige Hinweise zum Aufziehen und Rahmen der Bilder sowie zu notwendigen Sicherheitsmaßnahmen. Bitte berücksichtigen Sie, dass einige Farbpigmente schädlich sind und dass Kreidestaub auf keinen Fall eingeatmet werden sollte.

SCHUTZ DER BILDER

311

Um fertige Bilder bei der Lagerung zu schützen, kann man sie mit Seiden- oder Pergamentpapier abdecken. Zeitungspapier ist ungeeignet, da Säuren und Druckerschwärze Ihre Arbeit beschädigen können.

LANGZEITSCHUTZ

312

Bilder lassen sich längerfristig lagern, indem man sie mit Kreppklebeband auf säurefreiem Karton befestigt, ein größeres Blatt Seiden- oder Pergamentpapier darüber legt und dieses ebenfalls mit Klebeband fixiert.

RAHMUNG

Beim Rahmen von Pastellen muss mit Hilfe eines dicken Passepartouts verhindert werden, dass die aufgetragene Pastellkreide mit dem Glas in Berührung kommt. Sonst kann sich Kondenswasser bilden, wodurch wiederum Flecken entstehen können. Hinter Glas gerahmte Pastelle müssen nicht fixiert werden und bewahren lange Jahre ihre Farbbrillanz.

313

ÄNDERUNGEN

Während des Aufziehens und Rahmens kann man ein Bild neu beurteilen und ggf. kleinere Änderungen vornehmen.
Oft lässt sich die Komposition durch ein einfaches Beschneiden des Motivs verbessern, indem man einige Zentimeter des Vordergrunds oder einer Seitenpartie entfernt. So lässt sich ein allzu symmetrisches Bild nachträglich neu strukturieren. Bevor Sie das Passepartout messen und zurechtschneiden, können Sie zwei rechtwinklige Rahmenecken aus Passepartoutkarton ausschneiden und damit den besten Ausschnitt wählen.

314

SICHERHEIT BEIM FIXIEREN

315

Um während des Fixierens das Einatmen schädlicher Dämpfe zu vermeiden, sollten Sie nur in gut durchlüfteten Räumen oder am besten im Freien arbeiten.

STAUBSCHUTZ

316

Verstopfte Nasen bei der Arbeit mit weichen Kreiden lassen sich durch eine bessere Ventilation – oder auch durch ein Luftreinigungsgerät – vermeiden. Pastellkreiden erzeugen recht viel Staub, sodass oft bereits nach der Fertigstellung eines einzigen Bildes der Einwegfilter verstopft sein kann. Allergiker sollten sich mit einer Atemschutzmaske schützen. Solche Masken filtern den Kreidestaub aus der Luft, ohne die Atmung zu behindern.

SICHERES ARBEITEN

317

Die meisten Pastellkreiden werden heute ohne giftige Pigmente hergestellt, da die Gefahr besteht, dass diese Stoffe über die Haut in den Körper gelangen. Dennoch ist es ratsam, mit einem regelmäßigen Händewaschen zu vermeiden, dass die Pastellkreiden über die Hände in den Mund gelangen können.

FIXIERUNG SELBST GEMACHT

318

Fixative können giftig oder leicht brennbar sein. Stellen Sie doch ein eigenes umweltfreundliches Fixiermittel her! Wenn Sie einen $\frac{1}{2}$ TL Gelatine in 1 Liter heißem Wasser auflösen und die Mischung abkühlen lassen bis sie lauwarm ist, erhalten Sie ein dauerhaftes Fixativ, das keine Flecken bildet und sofort mit einem Pinsel oder einem Zerstäuber aufgetragen werden kann. Die Mixtur wird beim Erkalten fest.

LANDSCHAFTEN

Hier stellen die facettenreichen Farben der Natur – vor allem im Bereich der Grüntöne –, besondere Anforderungen an Farbkompositionen und Mischtechnik. Man kann entweder bereits die Papierfarbe nutzen oder auch interessante Effekte durch Grundierungen erzielen.

LANDSCHAFTSFARBEN

319

Besonders in der Landschaftsmalerei ist es schwierig, aus der breit gefächerten Farbpalette von Grünschattierungen die richtige Farbnuance auszuwählen. Aber auch ohne den Einsatz grüner Pastellkreiden lassen sich Grüntöne durch die Mischung anderer Farben im Bild erzeugen. So sind mit einer begrenzten Farbpalette aus Zitronengelb, Gelbdunkel, lichtem Ockergelb, Preußischblau, Kobaltblau und Ultramarinblau mindestens neun Grünschattierungen möglich.

SCHATTEN

320

Mit welchen Farben man Schattenbereiche anlegt, hängt vom gewählten Motiv ab. Um jedoch der Landschaft eine gewisse Kühle zu verleihen, verfährt man am besten wie die Impressionisten und verwendet Blau- und Violetttöne für die Schattenbereiche.

INTENSITÄT DURCH UNTERMALUNG

Wenn Ihre Landschaftsbilder zu ausdruckslos wirken und die Natur nicht reell widerspiegeln, sollten Sie es mit einer Acryl- oder Aquarellgrundierung versuchen. Bei einer traditionellen Landschaftsszenerie bietet sich beispielsweise im Bereich des Himmels eine leicht blaue Aquarelluntermalung an, komplettiert von einem dunkleren Braunton für die Bäume am Horizont und einem leichten Grün für die eigentliche Landschaft. Nach dem Trocknen wirken die aufgetragenen Pastellkreiden deutlich farbintensiver als zuvor.

Mit Acrylfarbe entsteht eine kraftvolle Untermalung, die den Farbton des Bildes bestimmt.

321

Ein dicker Auftrag von Acrylfarbe verleiht dem Bild zusätzliche Textur.

Die Farbwahl sollte durch den gewünschten Gesamteindruck des Bildes bestimmt sein.

UNTERMALUNG FÜR ÖLPASTELLE

322

Bei Ölpastellkreiden ist für die Untermalung kein anderes Medium notwendig – in Impastotechnik löst man sie mit Terpentinersatz und Pinsel oder Lappen auf. Über dieser Grundierung können Sie mit trockenen Ölkreiden arbeiten.

FOTOGRAFISCHE VORLAGEN

Am besten lässt sich eine Landschaft anhand eines Schwarzweißfotos nachempfinden. Während man bei einem Farbfoto allzu schnell versucht ist, die Farben nur zu imitieren, deutet ein Schwarzweißbild zwar Tonwerte und Kontraste an, es lässt aber genug Raum für eigene Farbinterpretationen.

Der Himmel ist hier mit Trockenlavierung angelegt, der Bildaufbau mit Pastellstift vorgezeichnet.

Die Farben mit einem Lappen leicht verwischen.

Feine Linien mit dem Pastellstift einzeichnen.

323

Die Komposition basiert auf einer Fotovorlage, die Farbgebung aber auf der Inspiration des Künstlers.

PORTRÄTS

Hauttöne weisen viele, oft einander sehr ähnliche Farbnuancen auf. Am besten skizziert man ein Porträt zunächst mit Pastellstift oder Zeichenkohle und beschränkt sich auf wenige Farben. Das Papier sollte einen Farbton haben, der für Mitteltöne und Schatten geeignet ist.

HAUTTÖNE

Die Darstellung der menschlichen Haut ist schwierig – wer mit einer zu breiten Farbpalette beginnt, hat kaum Erfolg. Mit wenigen Farben lässt sich oft mehr erreichen. Zunächst gilt es, den Grundteint der Person zu ermitteln. Wenn Sie diese Farbe großflächig anlegen, können Sie danach Schatten und Licht mit dunkleren und helleren Nuancen definieren.

In Doug Dowsons „Lois" wurden die dick aufgetragenen Farben laviert und aufgeschichtet.

324

VERWISCHTECHNIK

325

Pastellpapiere sind rasch farbgesättigt, sodass es schwierig sein kann, später mit weiteren Farben räumliche Tiefe zu erreichen, da die zuletzt aufgetragenen Schichten schmieren können. Bei weichen Hauttönen kann genau dieser Effekt Ihre Arbeit vervollkommnen.

In „Spring Blossom" hat Urania Christy Tarbet die Hauttöne vorsichtig verwischt und gemischt.

BLUMEN

Für Blumenbilder eignen sich Pastellkreiden ideal. Wenn Sie das Arrangement aber nicht als grobe Farbkomposition wiedergeben wollen, kann die Abbildung der komplexen Pflanzen problematisch werden. Beginnen Sie mit leichten Strichen und legen Sie die Farben nach und nach an.

ZARTHEIT

326

Die Zartheit feinster Blüten vermitteln Sie am natürlichsten, indem Sie unmittelbar auf weißem Papier arbeiten. Dadurch wirken sämtliche Farben weicher, sodass die Blume transparenter erscheint.

Eine feine Strichzeichnung mit hellem Pastellstift anlegen.

Die Lichter werden ebenfalls mit Pastellstift angelegt.

Umrisse werden mit einem 6B-Bleistift nachgezogen.

Unten: Die glatte Oberfläche des Aquarellpapiers unterstreicht die Leichtigkeit und Zartheit der Pastellstriche.

BLÜTENFORM

Zeichnen Sie komplexere Pflanzenmotive am besten zu Beginn auf farbigem Papier mit Pastellstift vor. Folgen Sie der Form der Pflanze entsprechend ihrem natürlichen Wuchs den Stiel hinauf bis zu den Spitzen von Blättern und Blüten. Die Blüten werden dann mit weicheren Pastellkreiden ausgemalt, die die Leuchtkraft der Farben und die Leichtigkeit der Blütenform betonen.

Die Umrisse werden mit weißem Pastellstift vorgezeichnet.

Die Blütenform mit weicher Pastellkreide nachziehen.

327

Eine blasse Hintergrundfarbe wird aufgetragen.

Rechts: Feines Sandpapier nimmt die Farbe optimal auf und ermöglicht so sicheres Zeichnen.

4

ACRYLMALEREI

Acrylfarben sind unkompliziert, vielseitig und ideal für Einsteiger in die Malerei. Sie sind erstmals in den 1950er-Jahren in den USA hergestellt worden und erfreuten sich schnell großer Beliebtheit. Acrylfarben ändern ihren Farbton auch nach dem Trocknen kaum, anders als beispielsweise Wasserfarben. Außerdem trocknen sie deutlich schneller als Ölfarben.

Alan Oliver, „Olive Grove Overlooking Florence“ (Detail).

EINFÜHRUNG ACRYLMALEREI

MEIST GENÜGT ein Blick um festzustellen, ob es sich bei einem Bild um Aquarell-, Pastell- oder Ölmalerei handelt. Nicht so bei Acryl. Da diese Farben in vielen unterschiedlichen Techniken verwendet werden können, ist ein Acrylbild keineswegs sofort als solches zu erkennen. Ihre Vielseitigkeit macht diese Farben zwar einerseits so attraktiv, kann aber auf der anderen Seite auch dazu verleiten, sie wie Öl, Aquarell oder Gouache einzusetzen, ohne ihre spezifischen Maleigenschaften auszuschöpfen.

Acrylfarbe wird in Europa erst seit Mitte des 20. Jahrhunderts verwendet und ist damit – in kunsthistorischen Zeitdimensionen gesehen – eine relativ junge Künstlerfarbe. Regeln gibt es nicht. Sie können mit Acrylfarbe auf Papier, Leinwand oder Holz malen, die Farbe dünn oder pastos, mit dem Palettmesser oder mit dem Pinsel auftragen, sie mit anderen Farbsorten kombinieren und Papierstücke eincollagieren.

Sie werden hier einige interessante Techniken kennen lernen, erfahren aber auch Grundlegendes und bekommen praktische Tipps.

Jeder, der z. B. schon einmal mit Acrylfarben gemalt hat, weiß, wie schnell sie trocknen, was zu erhöhtem Verbrauch der Farben und der teuren Pinsel führen kann. Doch schon mit

ein wenig Erfahrung und Disziplin können Sie derartiges vermeiden. Sie können auch Geld sparen, indem Sie auf preiswerte Malflächen zurückgreifen, sei es auf Papier, Karton oder gar ein altes Laken, das auf eine Hartfaserplatte geleimt ist.

Wer zu Farben, Malflächen, Pinseln und Paletten sowie zur Auswahl und zum Mischen von Farben Rat braucht, findet in den ersten Abschnitten die entsprechenden Hilfestellungen. Darauf folgen Tipps zu Techniken, Spezialeffekten und Malmethoden für bestimmte Motive.

Hätten Sie gewusst, dass man Abdeckband verwenden kann, um die Kanten eines Hauses möglichst gerade zu malen? Oder dass mit deckender Acrylfarbe zu dichte Laubkronen durch kleine Himmelsflecken aufgelockert werden können? Sie finden außerdem einen kurzen Abschnitt zum Thema Korrekturen. Wenn Ihnen also ein Bild einmal nicht gelingen sollte, nehmen Sie es doch einfach als Probestück und experimentieren Sie damit, indem Sie z. B. Stellen übermalen oder farbige Lasuren anlegen.

ACRYLFARBEN

Wenn Sie zum ersten Mal mit Acrylfarben malen, sind Sie vielleicht noch etwas unsicher im Umgang mit dem Material und wissen nicht genau, welche Farben Sie kaufen sollen. Dieser Abschnitt gibt Anfängern einige Einkaufstipps, enthält aber auch für „alte Hasen" einige anregende Ideen.

328

FARBKONSISTENZ

Die verschiedenen Sorten der Acrylfarbe variieren in ihrer Konsistenz von dick und buttrig bis glatt und relativ flüssig. Sie sollten also zwei oder drei Sorten ausprobieren, um zu sehen, welche Farbe Ihren Malmethoden am besten entgegenkommt. Dabei können Sie Farben verschiedener Sorten durchaus mischen oder übereinander legen. Es ist jedoch ratsam, ihre Verträglichkeit untereinander zu prüfen, bevor Sie verschiedene Sorten kombinieren.

FARBQUALITÄT

Acrylfarben sind vor allem in Tuben erhältlich. Flüssige Acrylfarben gibt es auch in größeren Gläsern und Töpfen, allerdings manchmal in einer reduzierten Farbskala. Weiß wird oft zusätzlich zur Standardgröße in größeren Tuben verkauft, da es meist schneller verbraucht wird als andere Farben.

329

TROCKENTESTS

330

Acrylfarben trocknen viel schneller als andere Farben, aber die Trockenzeit hängt auch von der Absorptionsfähigkeit der Malfläche ab. Geben Sie daher einige Farbproben auf ein kleines Stück Papier, auf Holz oder auf Leinwand, um zu sehen, wie schnell die Farben trocknen. Testen Sie die Farben auch in verschiedenen Konsistenzen: direkt aus der Tube, mit etwas Wasser und in einer hochverdünnten Lavierung.

SELBST GEMISCHTE FARBEN

331

Einige Acrylfarben sind als Farbpasten erhältlich, die mit Bindemitteln zur Malfarbe gemischt werden. Sie können auch reine Pigmentpulver kaufen und diese mit handelsüblichen Dispersionsbindern anmischen, was besonders bei großformatigen Arbeiten günstig ist. Füllen Sie die gemischten Farben in Gläser mit Schraubdeckeln. So werden sie lange Zeit halten.

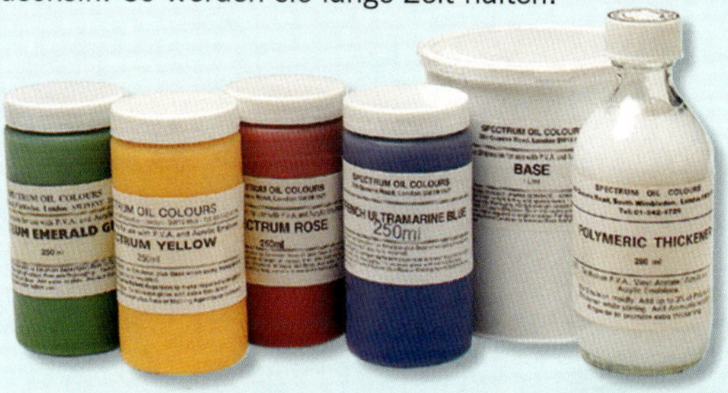

Einige Ölfarbenhersteller produzieren mittlerweile auch Acrylfarben.

MALFLÄCHEN

Einer der Vorzüge der Acrylmalerei ist, dass die Farbe auf fast allen Malflächen anwendbar ist – selbst auf Zeitungspapier. Wenn Sie auf Leinwand malen möchten, sparen Sie Geld, indem Sie die Leinwand selbst aufziehen oder Stoffreste wie alte Bettlaken auf Hartfaserplatten leimen.

PREISWERTES PAPIER

332

Man kann mit Acrylfarbe auf allen Papiersorten malen. Packpapier, Schrankpapier und selbst Zeitungspapier lassen sich verwenden, um Pinseltechniken oder Farbmischungen auszuprobieren.

PAPIERSTRUKTUR

Auf glatten Flächen wie auf Karton oder Glanzpapier versiegelt die Farbe rasch die Poren und „sitzt“ auf der Papieroberfläche. Wenn Sie neue Schichten auftragen, kann es passieren, dass die Farbe nicht mehr richtig haftet. Deshalb sollten Sie den Pinsel in nur eine Richtung führen. Aquarellpapiere mit rauer Körnung halten die Farbe besser, sodass die Malfläche sich länger bearbeiten lässt.

Für „View of San Francisco“ (Detail) verwendete Jacquie Turner glattes Aquarellpapier.

333

PAPIER AUFZIEHEN

334

Leichtes Aquarellpapier verwirft durch die Feuchtigkeit der Farbe, glättet sich jedoch beim Trocknen wieder, wenn es vorher aufgezogen wurde. Tauchen Sie das Papier in sauberes Wasser oder befeuchten Sie es beidseitig mit einem Schwamm. Legen Sie es auf ein Zeichenbrett und befestigen Sie es mit Klebeband. Horizontal trocknen lassen, damit das Wasser nicht nach unten läuft und das Klebeband ablöst.

Befeuchten Sie das Papier auf beiden Seiten und legen Sie es vorsichtig auf das Brett.

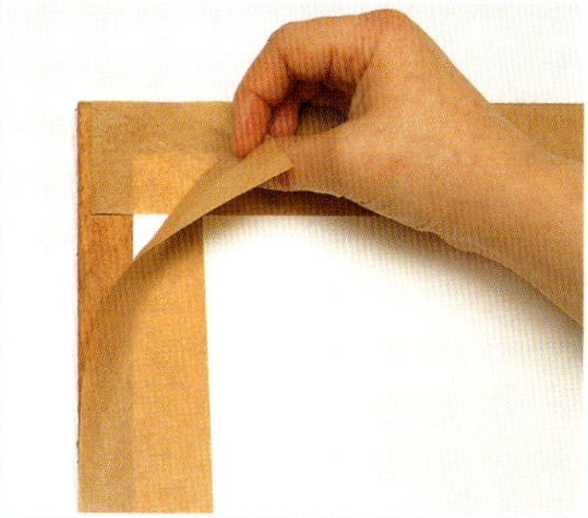

Befeuchten Sie das Klebeband und kleben Sie es an allen vier Seiten des Papiers etwa 1,5 cm überstehend auf.

KARTONS

335

Kartons eignen sich gut als Malfläche für Acrylfarben und sind gratis als Verpackungsmaterial oder als Rückseiten von Zeichenblöcken erhältlich. Suchen Sie nach Kartons mit einer festen, faserigen Struktur und vermeiden Sie Kompositkartons aus Papierlagen, da sich hier die oberen Schichten beim Bemalen ablösen können.

FERTIGE MALGRÜNDE

336

Leinwandkartons sind zwar relativ teuer, aber leicht und handlich. Sie lassen sich einfach rahmen. Auch aufgezogene Leinwand ist im Fachhandel in allen Größen erhältlich. Achten Sie jedoch darauf, dass die Leinwand auch für Acrylfarben geeignet ist, denn auf einer speziell für Ölfarben grundierten Leinwand halten sie nicht.

HARTFASERPLATTEN

337

Dieser billige, feste Malgrund verträgt kräftige Spachteltechniken. Die glatte Seite raut man mit Sandpapier leicht auf und bestreicht sie ggf. mit einer Schicht Acryl-Malmittel matt oder Acryl-Gesso. Für eine gröbere Struktur eignet sich die raue Seite.

LEINWAND AUFZIEHEN

Leinwand von der Rolle ist sowohl grundiert als auch unbearbeitet erhältlich. Zum Aufziehen stecken Sie den Keilrahmen zusammen, schneiden die Leinwand in die richtige Größe und tackern sie auf der Rückseite des Keilrahmens fest. Achten Sie darauf, dass die Faser gerade verläuft.

Schneiden Sie die Leinwand mit einer Zugabe zurecht.

Tackern Sie die Leinwand auf den jeweils gegenüberliegenden Seiten fest.

Falten Sie die Ecken der Leinwand und tackern Sie sie fest.

338

EIN PREISWERTER MALGRUND

Statt Leinwand aufzuziehen, können Sie auch Teile eines alten Bettlakens oder eines Kissenbezugs auf die glatte Seite einer Hartfaserplatte kleben. Lassen Sie dabei ungefähr 2,5 cm überlappen, die Sie auf der Rückseite festleimen. Für leichte Stoffe eignet sich Acryl-Malmittel als Klebstoff, für schwere Stoffe PVA-Leim 1:1 mit Wasser verdünnt.

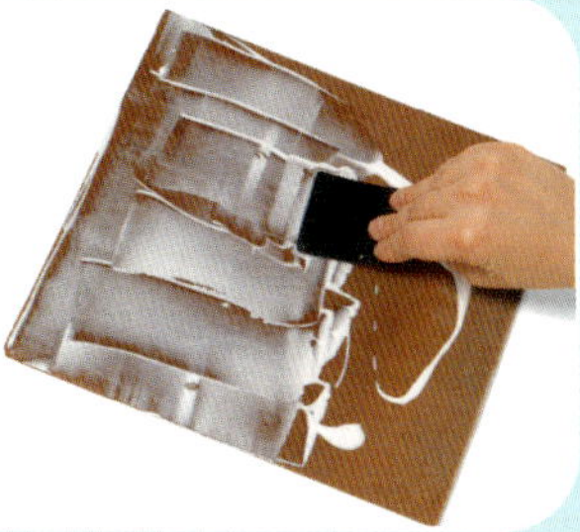

Bestreichen Sie die Platte mit einem Pinsel oder Spachtel dick mit Malmittel.

Legen Sie die Platte auf den Stoff, bestreichen Sie die Ränder mit Leim und falten Sie den Stoff darüber.

339

GRUNDIERUNG

Unbehandelte Leinwand ist sehr durchlässig. Streichen Sie mindestens zwei Schichten Acryl-Gesso auf oder versiegeln Sie mit Acryl-Malmittel matt, um die natürliche Farbe zu erhalten.

340

FARBIGE MALGRÜNDE

Auf einem weißen Grund fällt es oft schwer, die ersten Farben zu setzen. Sie können Ihrem Malgrund daher noch eine Tönung mit einer neutralen Farbe in mittlerem Tonwert wie Ocker oder Grau geben. Auch Aquarellpapier lässt sich so einfärben.

341

PINSEL UND PALETTEN

Wie sehr Sie auch von der Acrylmalerei begeistert sind, wird es Sie doch ärgern, wenn Ihre teuren Pinsel oder Ihre gute Holzpalette durch festgetrocknete Acrylfarben ruiniert werden. Hier finden Sie Rat zur Auswahl von Pinseln und Paletten und zur Pflege der Ausrüstung, damit so etwas nicht passiert.

ACRYLPINSEL

342

Pinselhersteller bieten spezielle Acrylpinsel an, die nicht aus Tierhaaren, sondern aus Kunststoffhaaren bestehen. Sie sind sowohl rund als auch flach in verschiedenen Größen erhältlich. Die Pinselspitze ist glatt, aber elastisch, sodass sie sich für pastose und dünne Farbe eignet.

PINSELBEWEGUNG

343

Testen Sie beim Pinselkauf die Beweglichkeit des Pinsels durch einige Pinselstriche. Probieren Sie sowohl die Spitze als auch die Seite des Pinsels aus, drehen Sie einen Flachpinsel, üben Sie Druck auf den Pinsel aus und probieren Sie dicke wie dünne Striche, Tupfen und Punkte.

BORSTENPINSEL

Die traditionell für die Ölmalerei verwendeten Schweinsborstenpinsel eignen sich auch für die Acrylmalerei. Mit den starken Borsten lassen sich expressive Maleffekte schaffen, z. B. in der Trockenpinseltechnik und mit pastosem Farbauftrag.

344

KRÄFTIGE STRICHE

Mit großen Malerpinseln können Sie die Grundformen eines Bildes gut skizzieren und auch große Flächen schnell mit Farbe bedecken, z. B. Himmel oder Felder in einer Landschaft. Ein Pinsel von 2,5 cm Breite oder mehr kann auch helfen, die Technik aufzulockern. Experimentieren Sie mit dem Pinsel, indem Sie ihn durch die flüssige Farbe ziehen und entdecken Sie so interessante Strukturen.

345

In Paul Powis „Late Afternoon“ (Detail) sind die breiten Pinselstriche, die die Formen nur andeuten, ein wichtiger Bestandteil des Bildes.

346

GRÜNDLICH REINIGEN

Nach jedem Farbauftrag sollten Sie Ihren Pinsel gründlich reinigen, da eingetrocknete Farbreste ihn ruinieren. Stellen Sie die Pinsel während einer Malsitzung in Wasser und spülen Sie sie am Ende gut aus. Farbreste an der Pinselzwinge verursachen die größten Schäden, denn wenn sie trocknen, werden die Pinseihaare immer härter. Spülen Sie die Pinselzwinge daher immer besonders gut aus.

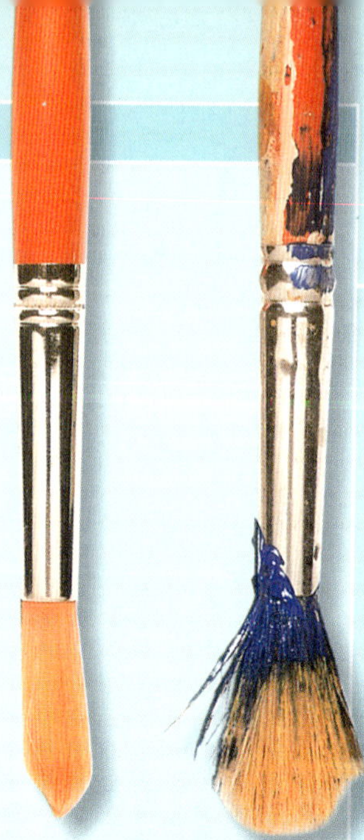

347

ALTE PINSEL

Ist im Pinsel doch einmal Farbe eingetrocknet, lässt sie sich in Methylalkohol wieder lösen (Vorsicht giftig!). Auch wenn der Pinsel die Form verloren hat, kann man mit alten, verbrauchten Pinseln interessante Strukturen erzeugen, was neuere Pinsel zu sehr abnutzen würde.

348

LOSE PINSELHAARE

Im Bild verteilte Haare oder Borsten verkleben beim Trocknen fest mit der Farbe. Achten Sie also auf lose Haare und schnippen Sie sie schnell mit der Pinselspitze weg, solange die Farbe noch nass ist.

DEN PINSEL IN FORM BRINGEN

Sollte Ihr Pinsel Haare verlieren, waschen Sie ihn gründlich aus und drücken Sie das Wasser aus den Pinselhaaren. Nehmen Sie die Spitze dann zwischen die Finger und pressen Sie die Haare wieder in Form; ziehen Sie dabei die losen Haare heraus.

349

MIT DEM PALETTMESSER ARBEITEN

Malspachtel und Palettmesser erleichtern das Arbeiten mit pastosen Acrylfarben. Der richtige Einsatz von Palettmessern verlängert die Haltbarkeit Ihrer Pinsel. Mit einem flachen Palettmesser lassen sich die Farben vor dem Auftrag mit dem Pinsel gut ausmischen. Ein Malspachtel hat einen gewinkelten Griff, sodass Sie die Klinge auf der Malfläche bewegen können, ohne dass Ihre Hand mit der Farbe in Berührung kommt.

350

KRATZWERKZEUGE

Heben Sie alte Kredit- oder Telefonkarten auf, denn Sie können damit interessante Strukturen schaffen und Korrekturen ausführen.

351

Für Peter Adams „Board Street, Alresford" (Detail) wurde die Farbe in mehreren Schichten auf eine Hartfaserplatte aufgeschabt.

KONVENTIONELLE PALETTEN

Sie können sich natürlich eine Palette aus Plastik oder Keramik für Acrylfarben zulegen. Viele Künstler improvisieren aber mit billigeren Alternativen, wobei das Material allerdings nicht absorbierend sein darf. Gute Dienste leisten eine beschichtete Holzplatte, ein alter Teller oder eine Glasscheibe – je dicker desto besser. Glaskanten sollten Sie mit einem Klebeband absichern, damit Sie sich nicht schneiden.

352

ABREISSPALETTEN

Abreißpaletten können zwar in Blöcken gekauft werden, aber ein altes Telefonbuch tut es auch. Geben Sie die Farben auf eines der oberen Blätter und mischen Sie sie dort. Sobald die Farben verbraucht sind, reißen Sie die obere Seite heraus und beginnen von vorne.

Abreißpalette

353

altes Telefonbuch

FARBMENGEN

Acrylfarben beginnen sofort nach dem Auftrag zu trocknen. Um keine Farbe zu verschwenden, sollten Sie mit kleinen Portionen arbeiten und je nach Bedarf Farbe auf der Palette zufügen. Falls ein Farbklecks bereits zu trocknen beginnt, heben sie die plastikartige Haut ab, damit keine trockenen Teile in die feuchten Farben gelangen.

354

FARBEN FEUCHT HALTEN

355

Um die Farben auf der Palette feucht zu halten, können Sie eine spezielle „Reservoir"-Palette verwenden, bei der eine angefeuchtete Unterlage die Farben geschmeidig hält. Sie können aber auch eine eigene Version herstellen. Dazu brauchen Sie eine Plastik- oder Metallschale, eine saugfähige Unterlage (z. B. ein Stück Filz), ein Stück absorbierendes Papier (z. B. Zeichenpapier) und ein Stück Pergamentpapier (Backpapier) in der gleichen Größe. Um die Palette vorzubereiten, tränken Sie die Unterlage 15 Minuten in Wasser, drücken sie aus, legen sie dann in die Schale und schichten das Papier und das Pergamentpapier darüber.

Tränken Sie die saugfähige Unterlage in Wasser und legen Sie dann das Zeichenpapier darüber.

Zum Schluss legen Sie das Pergamentpapier darüber. Zwischen einzelnen Malsitzungen halten Sie die Palette mit einer Plastikfolie feucht.

ABFALL VERMEIDEN

356

Wenn Sie eine konventionelle Palette verwenden und die darauf haftende Farbe eine Weile aufheben möchten, nehmen Sie ein nasses, aber ausgewrungenes Geschirrtuch und wickeln es leicht um die Palette.

EINGETROCKNETE FARBE

Eingetrocknete Acrylreste auf einer Plastik-, Glas- oder Keramikpalette können mit warmem Wasser eingeweicht werden. Die Haut löst sich. Sie können die Farbreste dann ganz abkratzen.

357

ACRYLFARBEN

Fangen Sie am besten mit einer kleinen Farbskala an, um langsam ein Gefühl für Farben zu entwickeln. Dieser Abschnitt erläutert die Farbauswahl, gibt Tipps zum Farbenmischen und erklärt, wie Sie zu helle Farben dämpfen können.

WEISS UND SCHWARZ

358

Mit Weiß können Sie Farben aufhellen und helle Farbtöne ausmischen, mit Schwarz Farben und Tonwerte abdunkeln. Unbedingt nötig ist dies aber nicht. Einige Künstler vermeiden Schwarz, weil es die Farben „abtötet“ und stellen stattdessen ihre eigenen „farbigen Schwarztöne“ her. Probieren Sie Mischungen verschiedener Proportionen mit Rot, Gelb und Blau.

Ultramarinblau + Weiß

Ultramarinblau + Schwarz

Flieder + Weiß

Flieder + Schwarz

Phthalogrün + Weiß

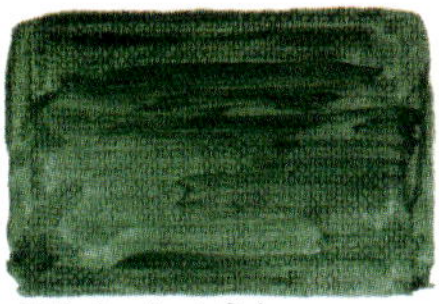

Phthalogrün + Schwarz

WAHL DER PRIMÄRFARBEN

359

Theoretisch lassen sich alle Farben aus nur drei Ausgangsfarben mischen: Rot, Gelb und Blau. In der Praxis ist das nicht so einfach, da es von jeder dieser Farben viele verschiedene Töne gibt. Wählen Sie für eine reduzierte Palette jeweils zwei aus, etwa Kadmiumrot und Karminrot, Kadmiumgelb und Zitronengelb, Ultramarinblau und Phthaloblau. Daraus lassen sich viele Sekundärtöne mischen – Orangetöne, Violett- und Grüntöne. Durch Mischen von zwei oder mehr Farben erhält man subtile Schattierungen und neutrale Farbtöne.

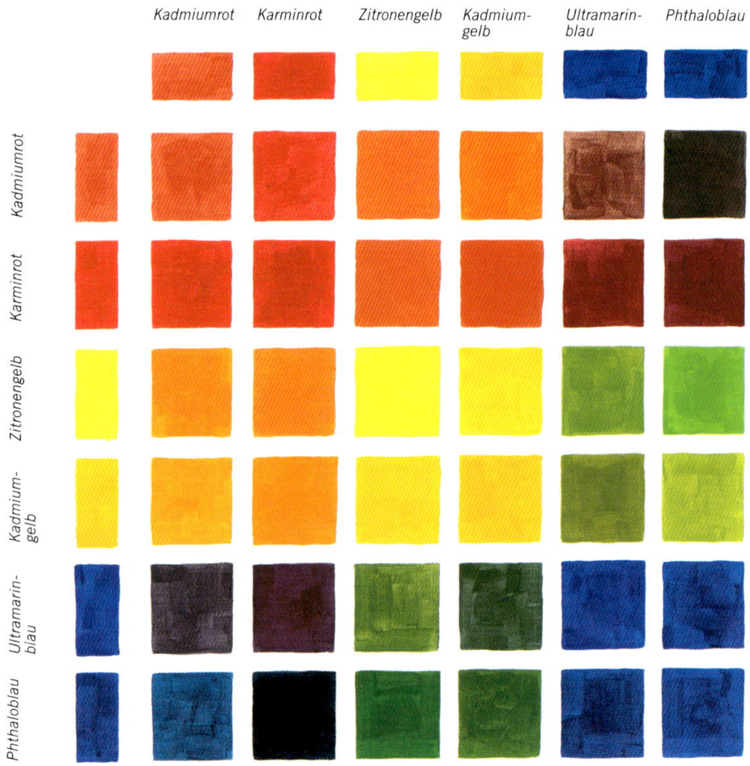

Diese Farben wurden im Verhältnis 80:20 ausgemischt.

MISCHTÖNE VERGLEICHEN

360

Wenn Sie ein Sortiment von Acrylfarben gekauft haben, nehmen Sie sich die Zeit, um eine Farbkarte zu erstellen. Mischen Sie alle Farben in Paaren untereinander aus und probieren Sie zwei oder drei Varianten jeder Farbmischung mit gleichen Mengen und im Verhältnis 3:1. Einige Ergebnisse werden Sie vielleicht überraschen. So finden Sie heraus, welche Farben Sie mischen möchten und welche nicht.

SPEZIELLE FARBEN

Einige Farbtöne, vor allem Purpur und Violett, sind nur sehr schwer auszumischen. Daher sind Tuben mit Purpur und Violett eine sinnvolle Ergänzung der Grundpalette. Mit diesen Farben lassen sich Grau- und Beigetöne in einer Stadtszene wärmer gestalten sowie Grün- und Blautöne in einer Landschaft leicht abschattieren.

Brillante Malventöne wie die Schatten in Gerry Baptists „Summer Day in Grimaud" (Detail) lassen sich am besten mit Violett und Purpur aus Tuben ausmischen.

361

FARBVERGLEICH

362

Um den richtigen Farbton zu treffen, mischen Sie die entsprechende Farbe aus, nehmen eine ausreichende Menge auf den Pinsel und halten ihn zum Farbvergleich vor das Motiv. So erkennen Sie schnell, ob Farbton und Tonwert stimmen.

FARBEN IDENTIFIZIEREN

363

Einige Farbtöne sind schwerer als andere auszumischen. Die folgenden Fragen helfen bei der Zusammenstellung der richtigen Farbtöne:

- Um welche Art von Farbton handelt es sich? Ist er hell, mittel oder dunkel?
- Welche meiner Tubenfarben ist der Hauptkomponente des gesuchten Farbtons am nächsten?
- Hat dieser einen deutlichen Stich von einer anderen Farbe?
- Welche meiner Tubenfarben kommt dieser Nuance am nächsten?
- Ist der gesuchte Farbton warm oder kalt?
- Ist er intensiv oder gedämpft?

Die Farbproben unten zeigen, wie man dieses Prinzip anwenden kann.

Warm	***Kalt***	***Dunkel***	***Hell***	***Farbnuance***

Kadmiumrot + Schwarz + Weiß	*Phthalogrün + Schwarz + Weiß*	*Flieder + Phthalogrün*	*Weiß + Zitronengelb + Schwarz*	*Zitronengelb (+ Umbra natur + Weiß)*

Kadmiumgelb + Weiß + Flieder	*Flieder + Umbra natur + Weiß*	*Ultramarinblau + Naphthol-karminrot*	*Weiß + Flieder + Kadmiumgelb*	*Ultramarinblau (+ Umbra natur + Weiß)*

REIHENFOLGE DER MISCHTÖNE

364

Beim Mischen einer hellen Farbe sollte man mit den helleren Farben anfangen, also z. B. mit Gelb oder Weiß, und dann kräftigere Farben in kleinen Mengen zufügen. Mischen Sie die gewünschte Farbintensität langsam aus. Wenn Sie mit den kräftigen Farbtönen beginnen, brauchen Sie wesentlich mehr von der anderen Mischfarbe.

MISCHTÖNE NOTIEREN

Wenn Sie einen besonders schwierigen Farbton ausgemischt haben, malen Sie ihn am besten gleich in Ihr Notizbuch und schreiben die verwendeten Farben dazu. So sammeln Sie Farbproben und können bei Bedarf leicht nachschlagen.

Alizarinkrapplack
+ Kobaltblau
+ Elfenbeinschwan

365

HELLERE FARBEN

Durch Zugabe von Weiß werden Farbtöne manchmal in ihrer Intensität gedämpft. Um das zu vermeiden, gibt es einen Trick aus der Aquarellmalerei: Verwenden Sie statt deckender Farbe transparente Lavierungen, um den gewünschten Farbton aufzubauen. Dünne Farbe lässt das weiße Papier (oder den weißen Malgrund) durchscheinen und gibt Leuchtkraft und Frische. Das wirkt besonders gut bei der Wiedergabe von Blumenfarben (Rosa-, Violett-, Orange- und dunkle Rottöne), die eine natürliche Brillanz haben.

366

367 FARBTÖNE MODIFIZIEREN

Einige Acrylfarben, vor allem im Grün- und Violettbereich, sind sehr stark und wirken künstlich. Diese Farbtöne eignen sich nicht unbedingt für Naturmotive. Um einen grellen Farbton zu dämpfen, fügen Sie einige Tupfen von Erdfarben zu, etwa gedämpfte Braun- oder Gelbtöne. Mischen Sie z. B. Siena gebrannt in Grün und Lichten Ocker in Malve.

Helles Grün

Helles Grün + Siena gebrannt

Helles Grün + Rotviolett

368 NEUTRALE FARBTÖNE

Neutrale Grau- und Beigetöne müssen nicht langweilig wirken. Mischen Sie Farben zusammen, die sich zwar neutralisieren, aber lebhafte Farbnuancen behalten, z. B. Karminrot und Hooker's Grün, Kadmiumorange und Ultramarinblau, Kadmiumgelb und Dunkelviolett. Mit Titanweiß werden die Farbtöne aufgehellt und variiert.

369 ABDÄMPFEN

Wenn eine Farbe zu grell wirkt, legen Sie eine dünne Lasur mit einem neutralen Farbton darüber. Nehmen Sie dafür einen weichen Pinsel und verdünnen Sie die Farbe mit klarem Wasser oder einer Mischung aus Wasser und Acryl-Malmittel für einen Glanzeffekt.

Ein lebhaftes Purpur wurde mit Wasser verdünnt über eine trockene Farbe gemalt.

Da die Farbwirkung zu grell war, legte der Künstler Lasuren eines gedämpften Farbtons darüber.

DECKKRAFT VERSTÄRKEN

370

Auch dunkle Acrylfarben sind relativ transparent und ergeben keinen deckenden Farbauftrag. Wenn Sie diesen Farben etwas Weiß hinzufügen, verstärken Sie die Deckkraft, ohne den Farbton oder die Intensität zu stark zu verändern. So erhalten Sie einige dunkle Purpur-, Blau- und Grünnuancen, die sonst nach dem Trocknen etwas stumpf wirken.

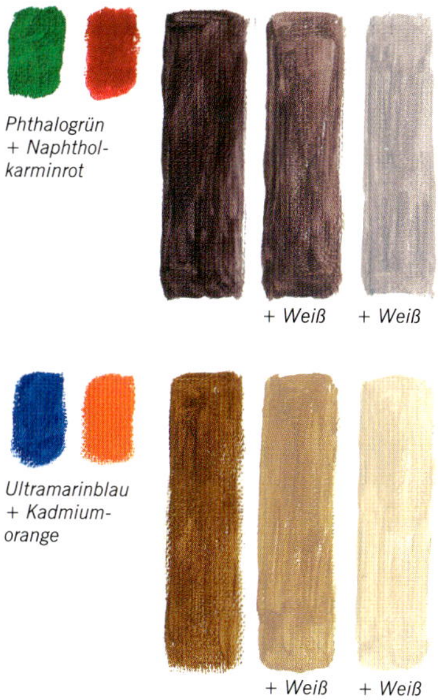

EINE LAVIERUNG MISCHEN

371

Um pastose Farben zu einer Lavierung zu verdünnen, fügen Sie in kleinen Mengen Wasser zu, bis die gewünschte Verdünnung erreicht ist und rühren Sie sie dabei mit dem Pinsel gut durch. Geben Sie nicht zu viel Wasser auf einmal zu, da sich die Farbe dann in kleinen Klumpen verteilen kann, sodass die Lavierung beim Auftrag unregelmäßige Farbstreifen hinterlässt.

REIHENFOLGE DER FARBEN

372

Legen Sie Ihre Farben bei jedem Malen immer wieder in der gleichen Reihenfolge auf der Palette an. So finden Sie die gesuchten Farben schnell und können Farbmischungen leichter herstellen.

DURCHKNETEN

Pastose Acrylfarbe muss manchmal auf der Palette gründlich durchgeknetet werden, damit keine Farbklumpen auf die Malfläche gelangen. Kneten Sie die Farbe mit einem elastischen, kräftigen Borsten- oder Synthetikpinsel so lange durch, bis sie glatt und streichbar wird.

373

MIT DEM PALETTMESSER MISCHEN

Beim Mischen pastoser Acrylfarbe auf der Palette ist ein Palettmesser sehr hilfreich. Kneten Sie die Farben mit dem Palettmesser gründlich durch, damit unvermischte Farben den Farbton beim Auftrag nicht verändern. Streichen Sie die Farbe vor dem Malen auf einem Stück Papier aus, um eventuell noch unvermischte Farben zu entdecken.

Mischen Sie die Farben auf der Palette gründlich durch, bevor Sie sie auf die Malfläche auftragen, es sei denn, Sie möchten den Effekt ungemischter Farbe nutzen, was in einigen Fällen sehr wirkungsvoll sein kann.

374

MIT DEM PINSEL MISCHEN

Beim Mischen von Farben mit dem Pinsel nimmt die Pinselspitze zu viel Farbe auf. Um die überschüssige Farbe zu entfernen, legen Sie den Pinsel auf die Palette und drücken Sie die Borsten von der Zwinge zur Spitze mit einem Palettmesser oder einer Plastikkarte aus.

375

METHODEN UND MALMITTEL

Acrylfarbe ist die vielseitigste aller Farben. Man kann sie direkt aus der Tube verwenden oder sie so stark verdünnen, dass sie Aquarellfarbe ähnlich wird. Unter Zugabe bestimmter Malmittel lassen sich Impasto-Wirkungen erzielen und sie lässt sich sogar gut mit Sand oder ähnlich grobem Material mischen. So ergeben sich besonders ausdrucksstarke Strukturen.

376

FARBE VERDICKEN

Für einen sehr pastosen Farbauftrag empfiehlt sich ein Impasto-Malmittel, das im Fachhandel erhältlich ist. Es ist sehr ergiebig und wird der Farbe zum Verdicken zugefügt, ohne dass sich der Farbton verändert.

MALEN MIT DEM MALSPACHTEL

Die mit Impasto-Malmittel verdickte Farbe lässt sich sehr gut mit dem Malspachtel auftragen. Sie können interessante Effekte erzielen, indem Sie die Farbe flächig aufstreichen, sodass die Abdrücke des Spachtels sichtbar bleiben.

377

TROCKNUNGSVERZÖGERER

Weil Acrylfarbe so schnell trocknet, sollte ihr ein Trocknungsverzögerer zugefügt werden, der die Farbe länger feucht hält und ein Vermalen nass-in-nass ermöglicht. Verwenden Sie dieses Mittel aber nur mit pastoser Farbe, nicht mit verdünnten Lavierungen, da Wasser seine Wirkung beeinträchtigt.

378

MALSTRUKTUR

Man kann Acrylfarbe mit speziellen Malmitteln wie etwa Modellierpaste ganz verschiedene Strukturen verleihen. Eine Alternative dazu ist das Einmischen von Substanzen wie Sand oder Sägemehl.

In seinem Bild „Winter Headland" (Detail) hat Robert Tilling eine Vielzahl von Strukturen erzeugt, indem er die Farbe mit Sand mischte.

Farbe kann mit speziellem Strukturierungsmittel vermischt werden.

379

Interessante Effekte erzielen Sie auch durch Strukturieren des Malgrunds mit Modellierpaste. Dazu streichen Sie die Paste mit einem Palettmesser oder einem Spachtel auf einen festen Bildträger. Sie können aber auch ein zusammengeknülltes Küchentuch oder gemusterte Gegenstände in die feuchte Paste drücken.

Komplizierte Muster erzielen Sie durch Kratzen in die noch feuchte Modellierpaste.

In die Paste gepresste Gegenstände wie etwa Münzen ergeben einen deutlichen Abdruck.

Die pastose Farbe haftet auf den Erhebungen, während sich die verdünnte gelb-rote Farbe in den „Tälern“ sammelt.

380

Sehr wirkungsvoll ist es, die Farbkonsistenz zu verändern, sodass an manchen Stellen der strukturierte Grund durchscheint.

GLEICHMÄSSIGE LAVIERUNG

381

Man kann Acrylfarbe stark verdünnen und dann wie Aquarell verwenden. Um eine gleichmäßige Lavierung anzulegen, nehmen Sie einen großen Pinsel und tränken ihn mit der verdünnten Farbe. Streichen Sie die Farbe gleichmäßig von einer Seite zur anderen und nehmen Sie immer wieder den nassen Rand des vorhergehenden Striches auf. Um eine größere Fläche zu vermalen, wie einen zum Horizont heller werdenden Himmel, lassen Sie die Farben mit einem breiten Pinsel mit kühnen Strichen ineinander fließen.

LINIE UND LAVIERUNG

382

Die Deckkraft von Acrylfarbe verleitet dazu, die verdünnte Farbe zu übersehen. Kleine Farbmengen, mit viel Wasser verdünnt, können Sie wie Aquarellfarben verwenden und z. B. Bleistift- oder Tuschezeichnungen damit lavieren.

Eine Strichzeichnung wurde mit feinem Zeichenstift angefertigt.

Dann malte der Künstler sorgfältig verdünnte Farbe innerhalb der Linien ein.

Das Bild wirkt wie ein Aquarell, wobei die feinen Linien einen deutlichen grafischen Akzent setzen.

FÄRBEN (STAINING)

383 Verdünnte Acrylfarbe kann auch verwendet werden, um eine grundierte oder unbehandelte Leinwand in transparenten Schichten zu färben. Damit die Farbe besser haftet und die Pinselstriche weniger sichtbar bleiben, befeuchten Sie die Leinwand vor dem Färben mit einer Lösung aus Wasser und Spülmittel.

UNTERMALUNG

384 Wenn Sie die Verteilung der Hell-Dunkel-Werte im Bild verstehen, können Sie die Farbgebung besser steuern. Eine monochrome Untermalung mit wenigen Tonwerten ist dabei hilfreich. Skizzieren Sie das Motiv mit dem Pinsel und legen Sie dann die Schatten und mittleren Tonwerte mit verdünnter Farbe an. Nun können Sie mit Lavierungen und Lasuren über der Untermalung weiterarbeiten oder das untermalte Motiv mit deckenden Farbschichten aufbauen.

Skizzieren Sie das Motiv in monochromen Farben.

Behalten Sie dann die Tonwerte bis zum fertigen Bild bei.

POINTILLISMUS

Wenn sich Ihre Farbpunkte in der pointillistischen Technik nicht optisch mischen wollen, kann es neben der Punktgröße vielleicht daran liegen, dass die Farben im Tonwert zu weit auseinander liegen. Für die optische Mischung müssen sämtliche Farben den gleichen Tonwert haben.

385

BESONDERE EFFEKTE

Mit Acrylfarbe lassen sich vielseitige Strukturen schaffen, die dem Bild eine lebhafte Oberfläche verleihen. Hier finden Sie einige Anregungen und unkonventionelle Methoden wie das Aufschaben der Farbe auf die Malfläche, das Vermischen der Farbe mit anderen Mal- und Zeichenmitteln oder das Eincollagieren von Papieren.

TROCKENPINSELTECHNIK

386

Mit der Trockenpinseltechnik können Sie gut grobes Mauerwerk, Gras, Haare oder Tierfell nachahmen. Tauchen Sie den Pinsel dazu in dicke oder dünne Farbe und streichen Sie die überschüssige Farbe ab. Dann spreizen Sie die Pinselborsten und streichen mit dem Pinsel ganz leicht über die Malfläche.

Eine Grundierung wurde deckend aufgetragen. Die Pinselstriche sind noch zu sehen.

Die Farbe wurde leicht über die Malfläche gestrichen.

Durch weitere Farbschichten entstanden Struktur und Muster des Mauerwerks auf realistische Weise.

SPRITZTECHNIK

387

Aufgespritzte Farbe kann besondere Strukturen andeuten oder einfach einen Kontrast zu einer glatten Farbfläche darstellen. Tränken Sie einen Borstenpinsel mit nasser Farbe und fahren Sie mit dem Daumen über die Borsten, um grobe Farbspritzer zu erzeugen. Einen feinen Sprühregen erhalten Sie mit verdünnter Farbe, die mit einem Mundzerstäuber aufgesprüht wird.

Flächen, die nicht besprüht werden sollen, müssen vorher abgedeckt werden.

DÜNN UND DICK

Sie können Ihr Bild ausschließlich mit dünnen Farblasuren aufbauen oder aber die Malfläche durch Lasuren über Impastos variieren. Die dünne Farbe läuft von den pastosen Erhebungen ab und sammelt sich in den „Tälern“ zwischen den Pinsel- oder Spachtelstrichen. So wird die Plastizität des Bildes betont.

Der Künstler trug pastose Farben für die Haare auf und ließ sie trocknen. Dann legte er eine transparente Lasur aus Farbe, Wasser und Malmittel darüber. Das Ergebnis ist im fertigen Bild (rechts) zu sehen.

388

Mit einer Zahnbürste lassen sich feine Spritzer erzeugen.

Die Spritzer wurden mit einem Stück Papier verrieben.

SCHABTECHNIK

Beim Aufschaben von Farbe in dünnen Schichten auf die Malfläche entstehen Lasureffekte, aber mit lebhafteren Strukturen. Für diese Technik gibt es keine speziellen Werkzeuge, Sie können aber gut Plastikkarten verwenden.

Der Künstler schabte mit einer Plastikkarte Farbe auf das Papier.

Langsam bauten sich mit jeder Schicht Farben und Strukturen auf.

389

KAMMTECHNIK

390

Dicke Farbaufträge trocknen nicht ganz so schnell, sodass sich noch verschiedene Struktureffekte hineinarbeiten lassen. Versuchen Sie einmal, einen Kamm durch feuchte Farben zu ziehen oder mit der Messerspitze Muster hineinzukratzen. Solche Techniken passen am besten zu abstrakter Malerei.

FARBEN UND MALMITTEL

391

Heute sind auch Farbeffekte mit metallischen und irisierenden Acrylfarben möglich. Experimentieren Sie ruhig einmal mit solchen künstlichen Farben, vor allem bei Collage- und Mischtechniken.

„Birthday in Edinburgh" von Jacquie Turner

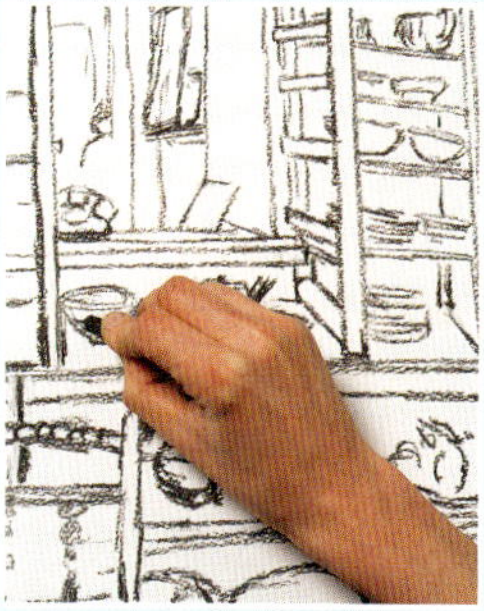

Der Künstler legte zuerst eine Kohlezeichnung an.

Durch den dünnen Farbauftrag scheint die Zeichnung durch.

An einigen Stellen wurde nun dickere Farbe aufgetragen.

Mit Zeichenkohle können Sie Acrylbildern grafische Akzente geben. Nach dem Zeichnen sollten Sie den überschüssigen Kohlestaub abpusten, da die Farben sonst verschmutzen. Die Kohlezeichnung wird dann durch eine Acryllavierung auf der Malfläche fixiert.

Der Künstler erzielte eine lebhafte Bildstruktur durch wechselnde Farbkonsistenz und die Kohlezeichnung, die er sowohl unter als auch auf der Farbe anlegte.

392

WACHSABDECKVERFAHREN

Selbst verdünnte Acrylfarbe kann auf einer Wachskreidezeichnung haften, sodass kein Absprengeffekt möglich ist. Testen Sie die Farbe deshalb vorher auf einem Stück Papier und fügen Sie bei Bedarf mehr Wasser zu.

Das Detail zeigt, wie die Farbe von der Wachszeichnung abgeperlt ist.

393

COLLAGE

Weil Acrylfarben eine starke Klebewirkung haben, können Sie alle Collage-Elemente wie Papierschnipsel, ausgerissene Zeitschriftenbilder, leichte Stoffe, Fäden und Garne direkt in die feuchte Farbe bringen. Darüber lässt sich dann mit dünnen Lasuren weitermalen.

PASTELL VERWENDEN

Acryl lässt sich gut mit Pastell kombinieren, um verschiedene Strukturen zu erzeugen. Die linearen Striche oder Schraffuren der Pastellkreide kontrastieren dabei mit dem glatten Acrylfarbauftrag. Weiche Pastellkreide kann mit verdünnter Acrylfarbe auch fixiert werden, um ein Bild in Schichten aufzubauen. Sie können aber auch Ölpastellkreide einsetzen, die besser auf dem Malgrund haftet.

Collagen sind einerseits selbstständige Kunstwerke, sie können aber auch effektvoll mit Malerei kombiniert werden, wie Mike Bernards „Road to the Sea“ zeigt. An einigen Stellen wurden kleine Papierstücke in die Farbe gedrückt und nicht weiter bearbeitet, während an anderen Stellen dünneres Papier übermalt wurde.

394

Ölpastellkreide kann in Kombination mit verdünnter Acrylfarbe interessante Effekte erzeugen – wie in Helena Greenes „Exmoor“.

395

MOTIVE

Es gibt zwar keine speziellen Maltechniken für bestimmte Motive – eine Landschaft und ein Stillleben von dem gleichen Künstler werden sich in Stil und Technik kaum unterscheiden – doch einige maltechnische Probleme sind auf bestimmte Motive bezogen. Hier finden Sie einige Tricks, um z. B. gerade Linien bei einem Haus mit Lineal und Abdeckband zu erzielen.

VERSCHIEDENE GRÜNTÖNE

396

Manchmal wirken die Grüntöne in einem Landschaftsbild einfach zu eintönig. Versuchen Sie in diesem Fall, deutliche Farbkontraste in den Licht- und Schattenzonen zu schaffen. Leuchtende Gelb-, Rosa- oder Orangetöne können die Grüntöne aufhellen, während sich Blau und Violett gut für Schattenbereiche eignen. Wenn Sie diese Farben in kleinen Tupfen zufügen, sehen sie wie Grün-Nuancen aus.

In Gerry Baptists „Life Goes on in Provence“ (Detail) wirkt die Farbgebung wie eine Variation von Grüntönen. In Wirklichkeit gibt es nur relativ kleine Stellen mit reinem Grün, das überwiegend durch intensive Blau, Orange- und Gelbtöne angereichert wurde.

RUHIGE GRÜNTÖNE

Malfarben lassen sich nicht immer mit der Feinheit natürlicher Grüntöne vergleichen. Mischen Sie Grün mit etwas Rot, Purpurrot oder Rotbraun. Rot hat eine dämpfende, neutralisierende Wirkung auf Grün.

Chromoxidgrün (stumpf)

Chromoxidgrün + Tiefviolett

Chromoxidgrün + Siena natur

397

PINSELTECHNIK

Beim Malen von Bäumen sollten Sie sorgfältig auf den Wuchs der Zweige und Blätter achten und diesem mit den Pinselstrichen folgen. Achten Sie z. B. darauf, ob die Baumkrone sich neigt oder nach außen auffächert, ob die Blätter von den Zweigen herabhängen oder aufwärts zeigen.

Die Pinselstriche geben das Laub auf der linken Seite wieder.

Nachdem die Hauptform angelegt wurde, arbeitete der Künstler weitere Einzelheiten des Laubes aus.

Beachten Sie, wie der Künstler die Hauptform und die Neigung des rechten Baumes wiedergegeben hat, bevor er sich mit dem Laub beschäftigte. Bei beiden Bäumen folgen die Pinselstriche der Ausrichtung des Laubes.

398

AUFHELLEN

Wenn das Laub zu dicht und schwer ausgefallen ist, können Sie es mit einigen Tupfen und Strichen in der Farbe des Himmels etwas auflockern. Diese „Himmelslöcher" sehen am natürlichsten aus, wenn Sie die Hauptform des Baumes gut wiedergegeben haben. Da Acrylfarben deckend sind, ist es kein Problem, auch dunklere Farben zu übermalen.

Stämme und Zweige stellte der Künstler mit helleren Farben zwischen den Umrissen dar.

Die wesentlichen Teile der Vegetation im Hintergrund wurden in deckenden Farbschichten gemalt.

Schließlich wurden die Farben mit Lasuren vertieft und gesättigt.

REGELMÄSSIGE MUSTER

Mit einem Flachpinsel lassen sich die Strukturen von Ziegelwerk nachahmen. Wählen Sie die passende Breite, damit Sie mit jedem Strich ein Rechteck malen können. Mit kürzeren Strichen werden Lichter oder Schatten aufgetragen.

Präzise gesetzte Reihen diagonaler Pinselstriche bilden die keilförmig gemusterte Wand.

400

Alan Oliver verwendete eine ähnliche Technik in seinem Bild „Winter's Morning", indem er die Farbe des Himmels leicht über die Farben der Bäume im Hintergrund malte.

399

Um Räumlichkeit anzudeuten, wurden die Pinselstriche der Wand nach hinten zu immer kleiner gemalt.

ABDECKEN

Eine kurvige oder schiefe Kante an den Wänden oder Fenstern eines Hauses kann das Bild verderben. Wenn Sie also wirklich ganz gerade Linien malen möchten, sollen Sie die Ränder mit Klebeband abkleben oder mit einem Lineal arbeiten.

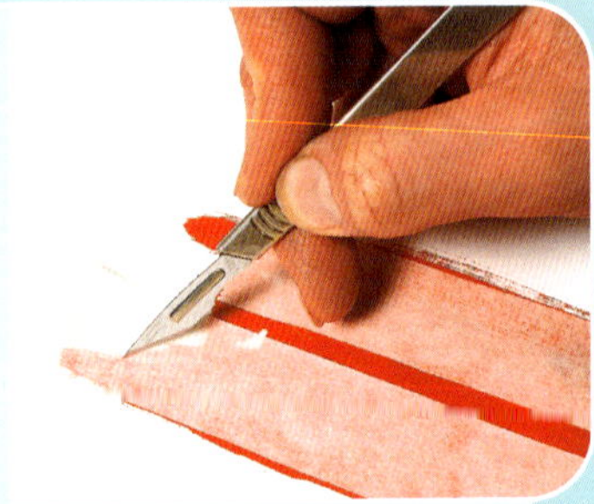

Nehmen Sie Klebeband für die Stellen, die abgedeckt werden sollen.

Tragen Sie die Farbe auf.

Ziehen Sie das Band vorsichtig ab und eine gerade Linie kommt zum Vorschein.

401

TUPFEN

Häuser und Bauernhöfe im Hintergrund können mit einem flachen Pinsel durch einen entschieden gesetzten Tupfen angedeutet werden.

402

GENAUIGKEIT ÜBERPRÜFEN

403

Beim Malen eines architektonischen Motivs, das gerade Linien und scharfe Winkel hat, sollten Sie häufig vom Bild zurücktreten und die Vertikalen und Horizontalen überprüfen. Halten Sie mit ausgestrecktem Arm ein Lineal vor sich und vergleichen Sie die gemalten Formen damit. Schiefe Pinselstriche können das Motiv empfindlich stören.

RÄNDER BEACHTEN

Gegenstände in Stillleben haben keine Linien. Die Linie wird nur wahrgenommen, wenn eine Fläche eine andere überlappt. Sind die Tonwerte der Flächen jedoch ähnlich, werden kaum harte Linien gesehen, sodass Sie auch keine malen sollten. Andere Flächen dagegen können im Bild starke Kontraste bilden. Erst der Kontrast von verlorenen und gefundenen Linien vermittelt den Eindruck von Realität.

In Paul Powis Bild „Jugs“ verschmelzen die beiden Gefäße auf der linken Seite, während die Ränder im Bildzentrum klar hervortreten.

404

LICHTER SETZEN

405

Je stärker die Oberfläche eines Gegenstandes reflektiert, desto intensiver sind die darauf zu sehenden Lichter. Scheuen Sie sich also nicht, kräftige Lichter bei Gegenständen aus Glas oder Metall zu setzen, und tragen Sie ruhig dicke, opake, weiße Farbe auf.

Der Künstler begann mit mittlerem Blau und fügte dann die dunkleren und helleren Farben hinzu.

Erst wurde der Schatten angelegt, dann der Lichtreflex mit pastoser Farbe aufgetragen.

Die kleinen Lichter auf dem Krug wurden zuletzt in reinem Weiß gesetzt.

Auf einer glänzenden Oberfläche kann das Muster der Lichter kompliziert ausfallen.

Das Malen von Glas kann wegen seiner Transparenz und den Lichtreflexen sehr schwierig sein. Versuchen Sie zunächst, die Formen und Farben des Hintergrundes durch das Glas hindurch wahrzunehmen und skizzieren Sie diese kurz. Dann halten Sie die Lichter und dunklen Töne fest, die die Form des Glases besonders an den Ecken, Kanten und Biegungen definieren.

Die Hauptform wurde skizziert.

Dunkle Töne wurden angelegt.

406

Die Lichter wurden gesetzt.

Der Fuß der Flasche reflektiert dunklere Farbtöne; etwas Gelb bleibt sichtbar.

407

LICHTFARBEN

Ein häufiger Fehler beim Malen blasser Haut besteht darin, zu helle Lichter zu setzen. Dadurch wird die Farbstimmung des Bildes insgesamt zu hell. Sie können den Tonwert der Lichter leicht bestimmen, wenn Sie ein Stück weißen Karton vor Ihr Motiv halten. Im Vergleich zu dem reinen Weiß des Kartons können Sie gut sehen, dass die Lichter auf der Haut nirgendwo ganz weiß, sondern immer etwas in der Lokalfarbe gefärbt sind.

In Daniel Stedmans „Fleur, Dancer Backlit" heben sich die Lichter auf Gesicht und Brust deutlich vor den dunklen Tönen ab. Sie wurden aber an keiner Stelle in reinem Weiß gesetzt.

PINSELFÜHRUNG

Achten Sie beim Malen einer Figur auf die wesentlichen Formen und folgen Sie ihnen mit Ihrer Pinselführung, wobei Sie lange Striche für Beine und Arme sowie Falten der Kleidung oder Stoffbehänge ziehen sollten und kurze gebogene für runde Formen.

In Daniel Stedmans „Julie" spielt die Pinselführung für die Wiedergabe der Formen eine wichtige Rolle.

408

Die Trockenpinseltechnik eignet sich hervorragend für die Darstellung von Fell. Nehmen Sie einen kräftigen Borstenpinsel für grobes Haar, einen Nylonpinsel für weichere Effekte und legen Sie die Struktur über einer gleichmäßigen Untermalung an. Zur Wiedergabe einzelner feiner Haare oder von Barthaaren verwenden Sie einen schmalen Rundpinsel und malen feine Linien mit der Pinselspitze.

409

Mit einem weichen Pinsel wurde pastose Farbe über eine trockene Untermalung aufgetragen.

Das lange, dichte Fell wurde mit kurzen, in wechselnden Richtungen verlaufenden Pinselstrichen dargestellt.

Den Trockenpinseleffekt sieht man deutlich an Nacken und Lenden des Schafes. Die Farbe bedeckt die darunter liegende Farbschicht nicht vollständig.

KORREKTUREN

Einer der großen Vorteile der Acrylfarbe ist ihre leichte Korrigierbarkeit, die den Einstieg in die Malerei enorm erleichtert. Fehler lassen sich mit pastoser Farbe einfach übermalen. Stumpfe oder unstimmige Farbtöne können mit Lasuren leicht aufgefrischt und verbessert werden.

SAUBERE RÄNDER

410 Wenn Sie beim Malen eine gerade Linie verwackelt haben, können Sie die noch feuchte Farbe mit dem Daumen etwas verschieben.

Noch feuchte Acrylfarbe lässt sich mit dem Daumen oder den anderen Fingern bewegen, aber versuchen Sie dies nicht, wenn die Farbe schon zu trocknen beginnt.

Vermeiden Sie beim Korrigieren ein „Totmalen" der Farben. Wenn Sie rasch hintereinander nass-in-nass in Farbstellen hineinarbeiten, werden die Farben schnell trüb und stumpf. Lassen Sie das Bild besser vorher trocknen und übermalen Sie dann die problematischen Stellen. Oft sieht man das Bild nach einiger Zeit mit ganz anderen Augen und erkennt Fehler dann besser.

Die Zwiebeln wurden nass-in-nass mit weichen Übergängen gemalt.

Farben und Formen sind festgelegt.

Nach dem Trocknen wurden die Lichter gesetzt.

AUSBLENDEN

412

Wenn eine Stelle im Bild nicht mehr zu retten ist, können Sie sie einfach mit einer Schicht weißer Farbe abdecken und dann neu übermalen. Diese Methode kann auch dabei helfen, über einen Farbenwechsel in einem Bild zu entscheiden.

Zur Balance der Frucht im Vordergrund wurde eine gelbe Form im Hintergrund eingesetzt.

Der Künstler entschied sich jedoch wieder dagegen und übermalte diese Stelle mit pastoser weißer Farbe.

FLICKEN

Falls Sie mit einer bestimmten Fläche Ihres Bildes überhaupt nicht zufrieden sind, der Rest des Bildes aber geglückt ist, können Sie die Stelle mit einem Stück Papier überkleben. Dann zeichnen Sie den entsprechenden Teil des Motivs vor und malen ihn noch einmal, wobei Sie auch die Ränder des Flickens sorgfältig bemalen müssen.

413

FARBE ENTFERNEN

Um Farbe mit einem Palettmesser von der Malfläche abzukratzen oder zu dicke Farbe zu entfernen, muss sie noch ganz feucht sein. Sobald sich eine Haut über der Farbe gebildet hat, wird sich die Farbe nur schlecht entfernen lassen und die Reste können nicht mehr sauber übermalt werden.

414

NEUER VERSUCH

Die ursprüngliche Farbwahl bestand aus Blau-Grün und Rosa.

Die Form des Kruges wurde mit dunklen Konturen verstärkt.

Nach dem Auftrag der Lichter arbeitete der Künstler am Krug weiter.

415

Werfen Sie ein Bild nicht gleich weg, wenn die Komposition nicht gelungen ist. Nehmen Sie es als Übungsbild und wagen Sie einen zweiten Versuch, denn aus Fehlern kann man lernen. Zeichnen Sie mit dem Pinsel über die alte Komposition und beziehen Sie dabei die ursprünglichen Formen und Farben in Ihr neues Bild mit ein.

In den letzten Phasen wurde das Bild vollkommen verändert. Die Gegenstände erscheinen nun als Silhouette vor einer starken Lichtquelle.

FARBBALANCE

Durch eine Schlusslasur (oder einen Firnis) kann man die Farbstimmung deutlich steigern. Eine Landschaft, die nicht sonnig genug wirkt, lässt sich z. B. durch eine Lasur mit hellem Gelb verbessern. Ein Interieur kann in einen roten Schimmer getaucht werden. Legen Sie das Bild flach auf einen Tisch, um die Lasur anzulegen, und lassen Sie es in dieser Position gleichmäßig trocknen.

Der Vordergrund erhielt eine stark verdünnte Lasur.

416

Die Lasur hat sowohl die Farbwirkung verstärkt als auch die Schattenränder weicher gemacht.

DEKORIEREN MIT ACRYL

Acrylfarben sind so flexibel, dass sie auf viele Oberflächen aufgetragen werden können und sich für die Dekoration von Haushaltsgegenständen, Kleidung und Kinderspielzeug eignen. Für glänzende Oberflächen wie Glas nehmen Sie jedoch besser eine Spezialfarbe, da die normalen Acrylfarben nicht gut darauf haften. Informieren Sie sich über solche Farben in Ihrem Fachgeschäft.

SPEZIALACRYLFARBEN (ACRYLLACK)

417

Für dekorative Malerei und Schablonieren auf Holz, Papier, Karton, Plastik, Pappmaché oder Keramik gibt es im Fachhandel spezielle Acrylfarben, die auf allen Oberflächen haften. Herkömmliche Künstleracrylfarben können zwar zum Werken verwendet werden, sind aber zu teuer und haften am besten auf nur wenig absorbierenden Malflächen. Wenn Sie mit Künstleracrylfarben auf Holz arbeiten wollen, müssen Sie das Holz zuerst mit einem Klarlack versiegeln.

HOLZSPIELZEUG

Einfaches Holzspielzeug kann leicht mit Acrylfarben bemalt werden. Die Farben dürfen natürlich nicht giftig sein. Informationen dazu erhalten Sie auf dem Etikett der Tube bzw. des Glases oder im Fachgeschäft. Tragen Sie die Farben möglichst dick auf und fügen Sie Details erst nach dem Trocknen zu. Versehen Sie das Spielzeug mit einem Acrylfirnis.

418

BILDERRAHMEN

Sie können mit Acrylfarben alte Bilderrahmen auffrischen oder neuen eine andere Farbe geben. Schleifen Sie den Rahmen vor dem Bemalen leicht mit Sandpapier ab und streichen Sie dann eine Schicht Acryl-Gesso auf. Gut trocknen lassen und jede Seite getrennt bemalen. Die Gehrfugen während des Malens mit Klebeband abdecken. Tragen Sie die verdünnte Farbe mit einem breiten Pinsel auf (dekorative Spuren). Um Teile des Rahmens aufzuhellen, wischen Sie die noch feuchte Farbe vorsichtig mit einem Lappen ab. Klebeband entfernen und alles trocknen lassen, bevor Sie die anderen Seiten bemalen.

419

Tragen Sie eine Acryl-Gesso-Lasur auf und legen Sie nach dem Trocknen Klebeband über jede Gehrfuge.

Tragen Sie die Acrylfarbe in langen, gleichmäßigen Strichen auf.

Wischen Sie etwas Farbe von den Rahmenteilen ab und bemalen Sie die anderen beiden Seiten.

DEKORATIVE KERAMIK

Alte Blumentöpfe können mit einer Acrylbemalung aufgefrischt werden. Wenn Sie Pflanzen hineinsetzen möchten, sollten Sie einen Teil der Oberfläche allerdings unbemalt lassen, damit die Farbe beim Blumengießen keinen Schaden nimmt.

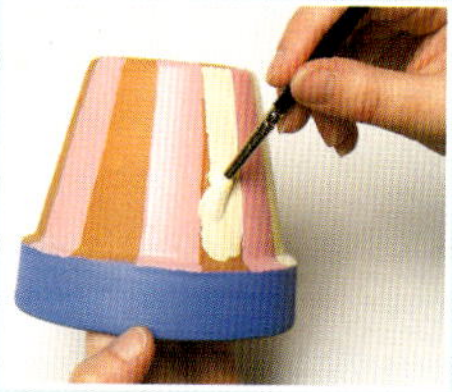

420

PERLMUTT-ACRYLTUSCHEN

Diese schimmernden Farben können auf Glas, Keramik, Holz, Papier und Karton verwendet werden. Sie sind zwar wasserresistent, bemalte Keramikgefäße sollten Sie aber trotzdem vorsichtig von Hand spülen.

421

DÜNNE STOFFE

422

Acrylfarben können durch dünnere Stoffe dringen. Wenn Sie also z. B. ein T-Shirt bemalen wollen, sollten Sie einen Karton einlegen, sodass nur die Stoffseite Farbe absorbiert, die Sie gerade bemalen. Außerdem dient der Karton als feste Malunterlage.

STOFFE VORBEREITEN

423

Stoffe müssen vor dem Schablonieren oder Bemalen so gewaschen werden, dass chemische Rückstände entfernt werden, die die Farbabsorption behindern könnten. Wenn der Stoff in der Wäsche zu weich geworden ist, kann er nach dem Bemalen gestärkt werden. Vor dem Dekorieren einer großen Fläche, z. B. einer Gardine, sollten Sie die Farbe vorher auf der Rückseite des Stoffes oder auf einem Stück Papier testen.

Vor dem Bemalen sollten Sie das Muster, die Farbe und die Saugfähigkeit des Stoffes an einem Probestück testen.

PAPPMACHÉ BEMALEN

Auf Pappmaché erscheinen Acrylfarben kräftig. Sie können auch gefirnisst werden. Wenn Sie transparente Farben verwenden, sollten Sie das Pappmaché vorher mit weißer Dispersionsfarbe oder Gesso grundieren, damit das Zeitungspapier nicht mehr durchscheint. Das Muster wurde hier mit einem schwarzen Fine-Liner hinzugefügt.

424

FARBE UND GLITZERSTREU

Diese Muschel wurde mit Perlmuttfarbe, Glitzerstreu und Wachsvergoldung behandelt. Versuchen Sie einmal eine Serie von Muscheln, die auch als Gipsabgüsse erhältlich sind, mit einer einheitlichen Wachsvergoldung in verschiedenen Perlmuttfarben zu bemalen.

Tragen Sie die Perlmuttfarbe auf.

Bevor die Farbe ganz trocken ist, geben Sie das Streu darüber.

425

BEMALTES GLAS

426

Sie können einen Glasbehälter mit einem eigenen Muster verzieren. Schneiden Sie ein Stück Papier aus, das in den Behälter passt, und zeichnen Sie den Entwurf vor. Befestigen Sie das Papier fest auf der Innenseite des Glases, damit Sie danach malen können.

Zeichnen Sie das Muster auf Papier und stecken Sie es in das Glas.

Malen Sie nun nach Ihrem Entwurf auf das Glas.

Das fertig bemalte Keksglas.

Reiben Sie die Rippen der Muschel sorgfältig mit Wachsvergoldung ein.

GLOSSAR

Auswaschlasur Eine Aquarelltechnik, bei der Farbe mit einem feuchten Naturschwamm oder Pinsel wieder vom Malgrund entfernt wird.

Collage Ein Bild, das verschiedene aufgeklebte Elemente enthält.

Colour Index Der Colour Index ist ein allgemeingültiges Codierungssystem zur Definition von Farbtönen, der von der *Society of Dyers and Colourist*s und der *American Association of Textile Chemists and Colorists* entwickelt wurde.

Erdfarben Farben aus natürlichen, in Erde und Gestein vorkommenden Pigmenten, die Metalloxide enthalten, z. B. Umbra, Siena und Ocker.

Farbkreis Eine grafische Darstellung, die durch die Anordnung der Farben auf einem Kreis die Grundlagen der Farbtheorie verdeutlicht.

Firnis Ein schützender, klarer Überzug, der auf die Oberfläche eines fertigen Bildes aufgetragen wird.

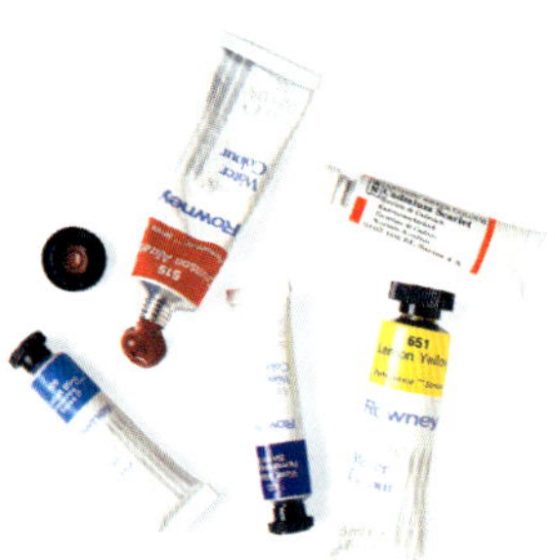

Fixativ Eine Art dünnflüssiger Firnis, die auf Pastell- und Kohlezeichnungen gesprüht wird, um das Verwischen zu verhindern.

Fläche Eine ebene Oberfläche. Jedes Objekt besteht aus vielen Flächen, die in verschiedene Richtungen zeigen.

Fließmittel Ein Malmittel, das die Oberflächenspannung des in der Farbe enthaltenen Wassers reduziert, sodass die Farbe leichter auf dem Papier verläuft.

Form Der dreidimensionale Charakter jedes Objektes, der in der Malerei durch Licht und Schatten herausgearbeitet wird.

Grundierung Auftrag einer Farbe oder eines Primers auf den Malgrund vor dem eigentlichen Malvorgang. Die Grundierung kann weiß oder farbig sein.

Impasto Eine Maltechnik, bei der pastose Farbe reliefartig auf den Malgrund aufgetragen wird.

Komplementärfarben Paare von Farben, die einander auf dem Farbkreis gegenüber liegen. Komplementärfarbenpaare sind Rot und Grün, Blau und Orange, Gelb und Violett.

Lasur Eine dünn und transparent aufgetragene Farbe. Lasurtechniken werden vor allem in der Aquarell- und Acrylmalerei eingesetzt.

Malgrund Die Oberfläche, z. B. Leinwand, Papier, Holz, Plattenware, auf der gemalt wird.

Malmittel Ein Zusatzstoff, der zur Farbe gegeben wird, um ihre Eigenschaften zu verändern. Für Acrylfarben werden Matt- und Glanzmedien, Extender, Retarder und Strukturpasten angeboten.

Nass-auf-trocken Der Auftrag einer feuchten Farbe auf einer vorher aufgetragenen, getrockneten Farbschicht.

Nass-in-nass Eine Technik, bei der Farben aufgetragen werden, ehe die vorherigen getrocknet sind. Dass die Farben dabei ineinander verlaufen, ist ein gewünschter Effekt.

Palette 1. Eine glatte Fläche, auf der Farben gemischt werden.
2. Die Farben, die für ein Bild verwendet werden oder die ein bestimmter Künstler regelmäßig verwendet.

Pigment Der farbgebende Inhaltsstoff von Kreiden, Stiften und Farben.

Pointillismus Eine Maltechnik, bei der kleine Punkte relativ reiner Farben so auf dem Papier angeordnet werden, dass der Betrachter sie als Mischfarben wahrnimmt.

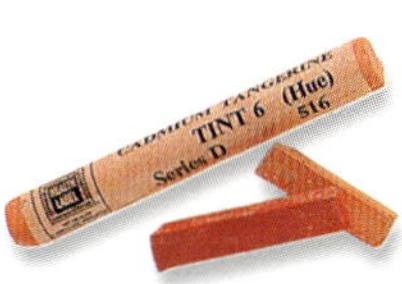

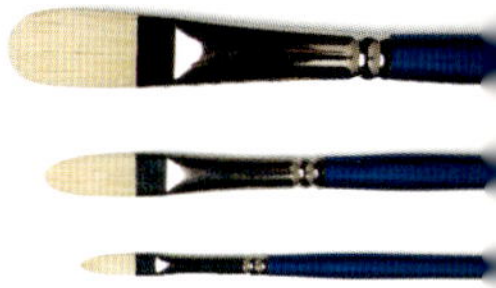

Primärfarben Die einzigen Farben, die nicht durch Mischung anderer Farben zu erzeugen sind: Rot, Gelb und Blau.

Primer Ein Material, das zur Vorbereitung des Malgrundes bei der Acryl- und Ölmalerei verwendet wird. Es dient dazu, die Saugfähigkeit des Malgrundes zu reduzieren.

Sekundärfarben Farben, die durch Mischung zweier Primärfarben entstehen: Orange, Grün, Violett.

Sgraffito Eine Maltechnik, bei der in eine aufgetragene Farbe mit einem Werkzeug Linien oder Muster gekratzt werden, um die darunter liegende Farbe freizulegen.

Tonwert Die Helligkeit oder Dunkelheit einer Farbe. Jede Farbe hat einen natürlichen Tonwert.

trockener Farbauftrag Mit einem trockenen Pinsel wird nur sehr wenig Farbe aufgenommen und mit „fegenden" Bewegungen auf den Malgrund aufgetragen, sodass die Farbe nur an den erhabenen Fasern des Malgrundes haftet und diesen nicht vollständig abdeckt.

tupfen Das lockere Auftragen einer Farbe mit kurzen, nicht streichenden Bewegungen, sodass die darunter liegende Farbe durchschimmert.

REGISTER

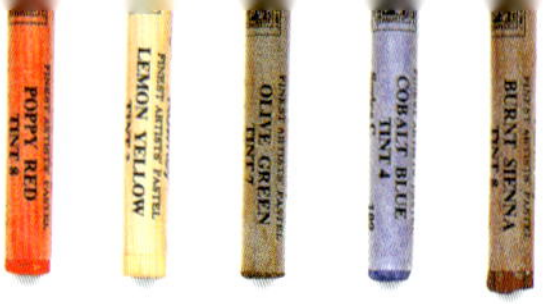
POPPY RED
LEMON YELLOW
OLIVE GREEN
COBALT BLUE
BURNT SIENNA

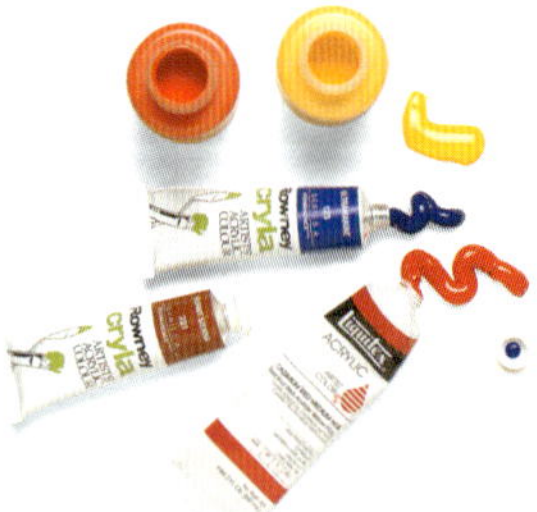

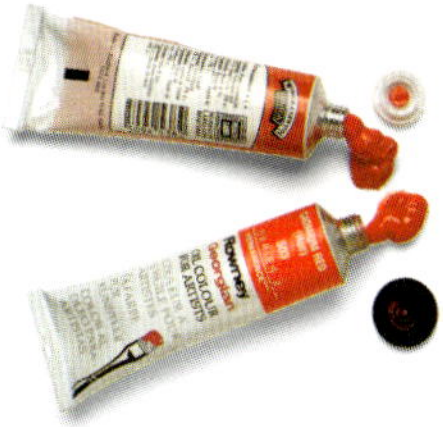

G

H

I

K

L

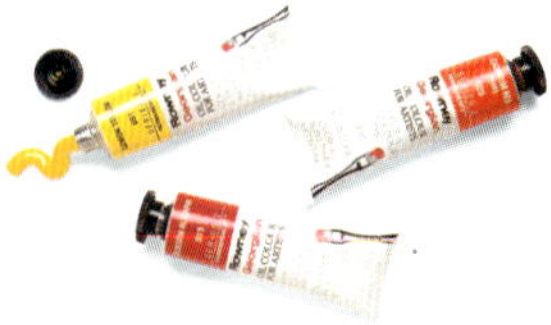

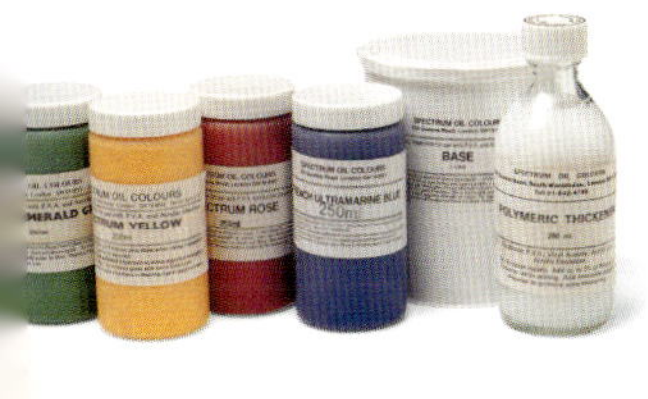

BASE
POLYMERIC THICKEN
SPECTRUM OIL COLOURS

DANKSAGUNG

Quarto bedankt sich bei folgenden Personen und Institutionen:

Frau G. Barwick; Gordana Bjelic-Rados; John S. Bowman; Rosalind Cuthbert; Jean Canter; Moira Clinch; Miranda Creswell; Brian Dunce; Vivien Frank; Charles Glover; Hazel Harrison; Sally Launder; J. Lockheart Davidson; Emma Pearce (Technical Advisor, Winsor & Newton); Jackie Simmonds; Hazel Soan und Frances Treanor für wertvolle Hinweise und Tipps bei den Recherchen für dieses Buch.

George Cayford; Patrick Cullen; Sarah Doe; Ron Fuller; Jeremy Galton; Debra Manifold; Karen Rainey; Ian Sidaway; Jackie Schou; Jane Strother und Mark Topham für die Vorführung der Techniken.

Daler-Rowney und Langford & Hill für das Künstlermaterial.

Maestro Craft Colours Ltd. für Farben.

Spectrum Oil Colours, London, SW19, für Farbpigmente.

Peter Russel von P.R. Art, Stevenage, Herts, der Malkasten zur Verfügung stellte.

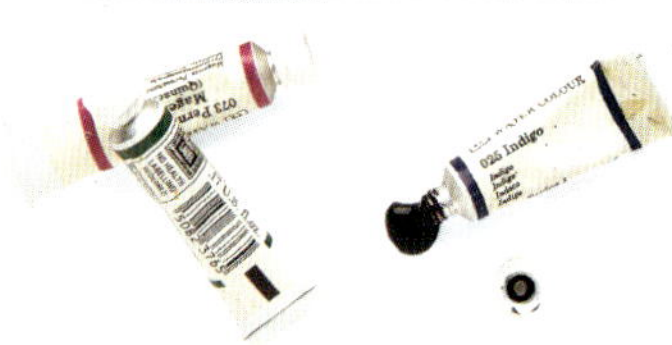